Teogonia

Hesíodo

edição brasileira©   Hedra 2025
introdução e tradução©   Christian Werner

edição   Jorge Sallum
coedição   Leda Cartum e Suzana Salama
assistência editorial   Bruno Oliveira e Paulo Pompermaier
revisão   Iuri Pereira
capa   Lucas Kroëff

ISBN   978-65-89705-58-1

Dados Internacionais de Catalogação na Publicação (CIP)
(Câmara Brasileira do Livro, SP, Brasil)

Hesíodo

Teogonia. Hesíodo; tradução de Christian Werner. 2. ed.
São Paulo, SP: Editora Hedra, 2025.

ISBN 978-65-89705-58-1

1. Literatura grega.   2. Deuses gregos.   3. Musas.   4. Poesia antiga.
5. Teogonia.   6. Trabalhos e dias.   7. Poesia grega.   8. Hesíodo.   9. Zeus.
10. Mitologia grega.   11. Grécia antiga.   I. Werner, Christian.   II. Título.
2025–863   CDD: 883

Elaborado por Eliane de Freitas Leite (CRB–8/ 8415)

Índices para catálogo sistemático:
1. Literatura grega 883
2. Literatura grega 821.14'02-3

Grafia atualizada segundo o Acordo Ortográfico da Língua
Portuguesa de 1990, em vigor no Brasil desde 2009.

EDITORA HEDRA LTDA.
Av. São Luís, 187, Piso 3, Loja 8 (Galeria Metrópole)
01046–912 São Paulo SP Brasil
Telefone/Fax +55 11 3097 8304
editora@hedra.com.br

www.hedra.com.br

Foi feito o depósito legal.

Teogonia

Hesíodo

Christian Werner (*introdução e tradução*)

2ª edição

São Paulo   2025

Teogonia (em grego *theogonia*, *theos* = deus + *genea* = origem) é um poema de 1022 versos hexâmetros datílicos que descreve a origem e a genealogia dos deuses. Muito do que sabemos sobre os antigos mitos gregos é graças a esse poema que, pela narração em primeira pessoa do próprio poeta, sistematiza e organiza as histórias da criação do mundo e do nascimento dos deuses, com ênfase especial a Zeus e às suas façanhas até chegar ao poder. A invocação das Musas, filhas da Memória, pelo aedo Hesíodo é o que lhe dá o conhecimento das coisas passadas e presentes e a possibilidade de cantar em celebração da imortalidade dos deuses; e é a partir daí que são narradas as peripécias que constituem o surgimento do universo e de seus deuses primordiais.

Hesíodo foi um poeta grego arcaico e, assim como ocorre com Homero, não é possível provar que ele tenha realmente existido. Segundo certa tradição, porém, teria vivido por volta dos anos 750 e 650 a.C. Supõe-se, a partir de passagens do poema *Trabalhos e dias*, que o pai de Hesíodo tenha nascido no litoral da Ásia e viajado até a Beócia, para instalar-se num vilarejo chamado Ascra, onde teria nascido o poeta; supõe-se também que ele tenha tido um irmão, Perses, que teria tentado se apropriar, por meios ilegais, de uma parte maior da herança paterna do que a que lhe cabia, exigindo ainda ajuda de Hesíodo. Acredita-se que a única viagem que Hesíodo teria realizado tenha sido a Cálcis, com o objetivo de participar dos jogos funerários em honra de Anfidamas, dos quais teria sido o ganhador e recebido um tripé pelo desempenho na competição de cantos. Apenas três das obras atribuídas a Hesíodo resistiram ao tempo e chegaram às nossas mãos: são elas os *Trabalhos e dias*, a *Teogonia* e *O escudo de Héracles*.

Christian Werner é professor livre-docente de língua e literatura grega na Faculdade de Letras da Universidade de São Paulo (usp). Publicou, entre outros, traduções de Eurípides, *Duas tragédias gregas: Hécuba e Troianas* (Martins Fontes, 2004), de Homero, *Ilíada* e *Odisseia* (Ubu, 2018), além de Hesíodo. É autor de inúmeros artigos e capítulos sobre literatura grega, sobretudo poesia épica e tragédia, além de liderar o grupo de pesquisa Gêneros Poéticos na Grécia Antiga: Tradição e Contexto. Dedica-se, também, a investigar a recepção de Homero na prosa de João Guimarães Rosa.

Sumário

Introdução

A linguagem e a narrativa desvelam o cosmo

CHRISTIAN WERNER

> Trepava ser o mais honesto de todos, ou o mais danado, no tremeluz, conforme as quantas. Soava no que falava, artes que falava, diferente na autoridade, mas com uma autoridade muito veloz.
>
> JOÃO GUIMARÃES ROSA,
> *Grande sertão: Veredas*

O mais honesto ou o mais danado é como Riobaldo descreve Zé Bebelo na parte inicial do romance. Trata-se de uma figura que ele admira, pelas formas de sua astúcia e autoridade moderna, *rápida*, em contraste com aquela *lenta* e arcaica de Joca Ramiro, o grande chefe dos jagunços. Tal autoridade, porém, paulatinamente se revela fazer jus ao mal que ecoa no nome Zé Bebelo, *bellum*, "guerra", e belzebu, cuja negatividade é contrária à justiça moderna desdobrada no discurso da personagem. Dito de outra forma, Zé Bebelo move-se entre o arcaico e o moderno, o mítico e o racional.[1]

Mutatis mutandis pode-se dizer o mesmo do poema de Hesíodo e de sua personagem central, Zeus. Também esse poema explora os meandros da justiça e da soberania como idealizações dependentes da astúcia, *mētis*, essa qualidade ou habilidade essencialmente múltipla e imanente, focada no aqui e agora da experiência sempre cambiante.[2] E assim como em Rosa, mito e razão não se revelam formas de pensamento opostas ou incompatíveis, em particular, pela modo como, em Hesíodo, a linguagem e a narrativa desvelam o cosmo.

1. Minha interpretação de Zé Bebelo se apoia em Rosenfield (2006).
2. "No tremeluz… muito veloz".

Diferentemente dos poemas de Homero, os de Hesíodo se associam, eles próprios, a um poeta e a um lugar como espaço de sua gestação: o poeta da *Teogonia* se nomeia e se vincula ao entorno do monte Hélicon na Beócia (22–23). Trata-se de uma região no centro da Grécia, cuja cidade principal, no passado e hoje, é Tebas. Suas montanhas principais são o Parnasso, junto a Delfos, o Citéron — onde Édipo foi exposto — e o Hélicon, com sua fonte Hipocrene, "Fonte do Cavalo", estes dois mencionados no início do poema em associação às Musas (1–8).

Indicações temporais, porém, estão virtualmente ausentes do poema, o que permite reconstituições diversas, todas elas imprecisas e sujeitas a críticas. Uma delas, feita pelos antigos, é associar Hesíodo a outros poetas da tradição hexamétrica grega arcaica — Museu, Orfeu e, sobretudo, Homero — e estabelecer uma cronologia relativa, para o que um critério poderia ser a autoridade: a maior seria a do poeta mais velho (Koning, 2010). Modernamente, a cronologia relativa reaparece fundamentada no exame linguístico-estatístico do *corpus* hexamétrico restante (Andersen & Haug, 2012). Assim, Janko (1982), um trabalho seminal, definiu como sequência cronológica de composição *Ilíada*, *Odisseia*, *Teogonia* e *Trabalhos e dias*.

Outra forma de contextualizar os poemas no tempo está ligado a tentativas de reconstituir os séculos VIII e VII a.C. como a época na qual se sedimentaram uma série de fenômenos culturais e políticos que acabaram por definir as sociedades gregas, em especial o surgimento da *polis* como principal organização política e social, o templo de Apolo e seu oráculo em Delfos como um santuário de todos os gregos, festivais de cunho religioso, como os Jogos Olímpicos, que passaram a atrair participantes de uma ampla gama de territórios grego, a reintrodução da escrita, o culto aos heróis etc. Trata-se de fenômenos que definem o que Gregory Nagy (1999),

---

3. Abaixo, procurei manter a indicação bibliográfica reduzida ao mínimo, sobretudo quando me apoio pontualmente no argumento de determinado autor. Para uma bibliografia mais ampla, cf. a mencionada no final.

na esteira de Snodgrass (1971), chama de pan-helenismo,[4] e do qual faria parte a produção e recepção da *Teogonia*.

A introdução paulatina, com adaptações, nos territórios gregos, nos quais se falavam dialetos diversos, de um alfabeto de origem fenícia em torno do século VIII a.C. foi um dos responsáveis pela modificação gradual de diversas práticas sociais, entre elas, a produção e recepção de poesia. Os poemas podiam ser cantados ou recitados, e, quando cantados por um coro (o que não é o caso da poesia épica como a *Teogonia*), esse produzia figuras de dança. É exatamente assim que as Musas são representadas no início do poema (1–11), em contraste com o cantor individual Hesíodo. Composições corais eram apresentadas em ocasiões específicas, muitas vinculadas ao calendário religioso de determinadas localidades. Quanto à poesia hesiódica, o contexto de performance é desconhecido por nós. De fato, como se verá mais abaixo por meio do nome de Hesíodo, é necessário tratar com cuidado os elementos que parecem atar o poema à realidade.

ESTRUTURA DO POEMA

Há diferentes maneiras de conceber a estrutura da *Teogonia*. A de Thalmann (1984, p. 38–39), traduzida abaixo, tem a vantagem de identificar em sua sequência de partes singulares e mais ou menos independentes, uma moldura em anel (ainda que incompleta), marcada pela repetição das letras em ordem inversa:

▷ **A** 1–115   *Proêmio*
▷ **B** 116–210   *Os primeiros deuses e os Titãs; primeiro estágio do mito de sucessão*
▷ **C** 211–32   *Prole de Noite*
▷ **D-1** 233–336   *Prole de Mar, incluindo as Nereidas*

---

4. Moraes (2019, p. 12) entende "o pan-helenismo como um discurso político capaz de prover uma sensação de pertencimento às comunidades de língua grega, baseado em critérios simultaneamente culturais e políticos de caráter aglutinador e que atuou na produção e reprodução da identidade helênica".

A estrutura em anel, na qual se retomam léxico e temas, é uma forma retórica assaz trivial na poesia grega. Em Homero, por exemplo, o final de um discurso pode retomar o tópico do início, indicando ao receptor que o discurso está chegando ao fim.

Repare-se que proêmio do poema é longo se comparado com o início de outras composições hexamétricas arcaicas identificado como tal. Nele, *grosso modo*, o aedo costuma estabelecer algum tipo de vínculo com a Musa, a divindade da qual depende a performance de seu canto, e a definir o tema geral do poema. Isto *também* é feito na *Teogonia*, mas, de um modo bastante sofisticado, o tema principal do poema — a autoridade as ações de Zeus — são interligadas àquelas das Musas e do aedo.

Com isso, o corte entre o chamado proêmio e o restante do poema é bem menos abrupto que aquele que se verifica na *Ilíada* e na *Odisseia*: no proêmio nos podemos ver Zeus sendo celebrado como deus supremo pelas Musas, e isso, de fato, é o que faz o poema como um todo, pois, embora Zeus não seja o *primeiro* deus, do ponto de vista da sequência do poema, é como se ele fosse, já que nenhum deus é tão poderoso ou merece ser tão celebrado como ele.

---

5. O ponto de interrogação indica que não há consenso que verso nos manuscritos do poema marcaria o fim da composição (Kelly, 2007).

Por certo é significativo que o narrador da *Teogonia* — ao contrário do narrador dos poemas homéricos — se nomeie no início do poema[6] no momento mesmo em que é narrado seu encontro singular com a entidade religiosa tradicional que confere autoridade a seu canto e garante a precisão de seu conteúdo, as Musas. Os primeiros 115 versos do poema compõem um proêmio, no qual se celebram essas divindades (1–103) e se demarca explicitamente o conteúdo do canto a seguir (104–15). O trecho se assemelha a uma forma poético-religiosa tradicional em várias sociedades antigas, o canto que celebra as honrarias ou áreas de atuação, *timē* no singular, de um deus e que, mais tarde, passou a ser denominado "hino", *humnos*.[7] Com efeito, tal tipo de canto ganhou na Grécia Antiga, em algum momento, uma versão narrativa no contexto da tradição hexamétrica: são os hinos homéricos longos ou médios (Ribeiro Antunes *et al.*, 2011; Antunes, 2015). O que há de muito particular nesse hino da *Teogonia*, porém, é que somente os gregos conheceram essas divindades coletivas responsáveis por uma esfera cultural que podemos chamar de poesia, mas que envolvia também música e dança.

Ao celebrar as Musas antes de apresentar o canto que elas propiciam, ou seja, a cosmogonia e teogonia que começam no verso 116, o poeta também fala da relação que há entre ele próprio e essas divindades, pois o valor de verdade, ou seja, a autoridade do canto que apresenta depende dessa relação. Como pode um mortal falar de eventos pretensamente reais que não presenciou — o surgimento do mundo conhecido e de todas as divindades, bem como dos mortais que com elas dormiram — se não apresentar e fundamentar sua relação com certa autoridade transcendente, já

---

6. Mas apenas uma única vez.
7. O substantivo (que aparece uma vez na *Odisseia*) e o verbo cognato, diversas vezes na *Teogonia*, que traduzi por "louvar" ou "cantar" (Torrano traduz consistentemente pelo neologismo "hinear"), não parecem ser associados primordialmente a deuses nesses textos.

que não há uma tradição textual canônica e uniforme independente do poema? Nesse sentido, não é mais possível, para nós, saber com certeza se algum dia houve um poeta chamado Hesíodo e que foi o autor do poema que conhecemos, ou se *Hesíodo* teria sido uma autoridade *mítica* inseparável de certa tradição poética e que seria reencarnada a cada apresentação do poema, um pouco como o ator que reencarnaria, com uma máscara ritual, nas apresentações teatrais atenienses no século v a.C., as figuras tradicionais do mito (Nagy, 1990). Nesse diapasão, a iniciação no canto, conduzida pelas Musas, pela qual teria passado o poeta Hesíodo (9–34) também faria parte desse contexto mítico.

Isso pode ser exemplificado pelo nome *Hesíodo*. Por certo não é possível *provar* que não tenha existido uma figura histórica com esse nome responsável pela composição de um ou mais poemas associados ao nome (Cingano, 2009). Além disso, a etimologia do nome não é segura e tem sido interpretada de diferentes modos (Most, 2006, p. XIV–XVI). Meier-Brügger (1990), por exemplo, rediscutiu todas as hipóteses e defendeu que *Hesíodo* significa "aquele que se compraz com caminhos", o que pode ser interpretado metapoeticamente. Contudo, o contexto imediato da única vez em que o nome é mencionado no poema parece indicar que a expressão *ossan hieisai*, "voz emitindo", repetida diversas vezes no proêmio (10, 43, 65 e 67), seria uma glosa de *Hesíodo* (Nagy, 1990, p. 47–48; Vergados 2020, p. 43–46), um exemplo entre vários do que Vergados (2020) define como o pensamento etimológico do autor.

Outro elemento saliente no proêmio é Zeus. Na verdade, como soberano dos deuses e dos homens, ou seja, como deus responsável pela estrutura sociopolítica final do cosmo e, dessa forma, também pela manutenção de sua dimensão física, não é raro Zeus desempenhar algum papel nos hinos aos deuses que conhecemos, sobretudo, os hinos homéricos maiores. Sua presença no proêmio da *Teogonia*, porém, é ubíqua, e não apenas como pai das Musas e seu público primeiro e principal,[8]

---

8. Não nessa ordem na sequência do poema.

mas também como o deus que, em vista do que representa, é particularmente associado ao poder político exercido pelos reis, *basileus* no singular, no mundo humano. Não surpreende, assim, que, no final do proêmio, as Musas sejam apresentadas como sombremaneira ligadas não só aos poetas (94–103), mas também aos reis (80–93), uma figura que, no contexto hesiódico, não representa um monarca com amplos poderes, mas uma figura que, na esfera pública, age sobretudo na função de um juiz (Gagarin, 1992). O tipo de poder real exercido por Zeus no poema — o poder é absoluto e hereditário — não é homólogo àquele dos líderes políticos da época. O rei humano é antes de tudo um aristocrata com prestígio local que participa da administração da justiça. Que reis e poetas, porém, são figuras dissociáveis, isso fica claro no destaque dado a Apolo nessa passagem; de qualquer forma, o proêmio sugere que, entre os homens, poetas são figuras bastante próximas dos reis (Laks, 1996).

ABISMO, «KHAOS», E O INÍCIO DO COSMO

Para chegar a Zeus e o modo como esse controla o cosmo, o tema central do poema, Hesíodo inicia do começo, ou seja, de Abismo (116), um espaço vazio cuja delimitação primeira surge na sequência, Terra, *Gaia*. Não se trata, porém, da Terra tal qual a conhecemos, mas de um espaço físico ainda descaracterizado, ou melhor, marcado pela sua função futura, ser o espaço de atuação dos deuses responsáveis pelo equilíbrio cósmico, que vai, imageticamente, do Olimpo ao ínfero Tártaro. Antes de Terra começar a gerar suas formas particulares, Montanhas e Mar, e das divindades aparecerem, duas coisas fundamentais são necessárias, a presença de Eros (120), o desejo sem o qual não há geração, e as potências que permitem a sucessão temporal, Escuridão, Noite, Éter e Dia (123–25).

Todos os deuses descendem de duas linhagens principais, a de Abismo e a de Terra, mas entre elas não há nenhuma união. Os descendentes de Abismo são, em sua maioria, potências cuja essência é negativa, como Noite, Morte, Agonia etc.; várias delas, além disso, expressam ações e emoções que permeiam os eventos violentos narrados na sucessão de gerações da linhagem de Terra, como Briga, Disputas, Batalhas etc. A linhagem de Abismo, portanto, através da descendência de Noite, *Nux*, e Briga, *Eris*, revela que a separação entre Terra e Abismo nunca é total[9] e assim ilustra uma constante no poema: o encadeamento das linhagens entre si e também delas com as histórias que se sucedem mostram um poema no qual os catálogos dos deuses nascentes e as narrativas nas quais os deuses estão envolvidos não devem ser separados. Trata-se de uma articulação de imagens, ações e ideias que pressupõe uma temporalidade própria — ou melhor, diversas temporalidades (Loney, 2018) — que revela uma mescla entre o tempo da narrativa genealógica, o tempo da sucessão de um deus-rei para o seguinte e o tempo da narração. É a partir disso que o leitor deve entender, por exemplo, que um deus às vezes já apareça como personagem no poema antes de o narrador mencionar seu nascimento propriamente dito.

GENEALOGIAS DIVINAS

No poema, teogonia e cosmogonia são inseparáveis à medida que o espaço se constitui e as genealogias divinas se sucedem. As divindades que passam pelo poema — mais de 300 — são de diversos tipos no que diz respeito a cultos e mitos (West, 1966):

1. Os deuses do panteão — sobretudo os Olímpicos, como Zeus, Apolo, Atena e Ártemis —, cultuados pela Hélade mas de uma forma mais específica que aquela com que aparecem no poema (por exemplo, vinculados a certo lugar ou templo específicos);

---

9. As ações e emoções representadas como descendência de Abismo são executadas ou sentidas pelos descendentes de Terra.

2. Deuses presentes nas histórias míticas, mas que provavelmente nunca foram exatamente objetos de culto, como Atlas e, enquanto coletividade, provavelmente os Titãs;

3. Partes do cosmo divinizados, como Terra, Noite, Montanhas; alguns eram cultuados;

4. Personificações. Elementos que, para nós, são abstratos, mas não o eram para os gregos;

5. Aqueles sobre os quais nada sabemos fora de Hesíodo, ou seja, podem ser parte de um recurso típico dessa tradição, que permitiria a *criação* de divindades para compor catálogos ou expressar caraterísticas de uma linhagem. Algo que não deve ser confundido com ficção nem com inovação.

Essa tipologia, porém, não deve ser tomada como algo estático e invariável. Eros, por exemplo, pode ser pensado como um deus de culto ou não. Com efeito, o poema não pode ser om retrato de uma estrutura religiosa fixa, pois essa não existia. Pelo contrário, ele e a tradição da qual faz parte deveriam ser antes pensados como uma tentativa de enquadrar, de dar certa forma a uma vivência religiosa que é essencialmente plural no tempo e no espaço. O lance astuto incorporado pela tradição — ou pelo autor do poema — é justamente procurar apresentar como um sistema obviamente fixo algo que é necessariamente variável. A isso está ligado seu sucesso pan-helênico.

AFRODITE

Um dos modos do poeta expressar o que cada divindade tem de específico é a derivação do seu nome e de seus epítetos. Uma das construções mais desenvolvidas que exemplificam é a que trata do nascimento, a partir do esperma de Céu, *Ouranos*, de Afrodite (192–200):

[...] primeiro da numinosa Citera achegou-se,
e então de lá atingiu o oceânico Chipre.
E saiu a respeitada, bela deusa, e grama em volta
crescia sob os pés esbeltos: a ela Afrodite
espumogênita e Citereia bela-coroa
chamam deuses e varões, porque na espuma[10]
foi criada; Citereia, pois alcançou Citera;
cipriogênita, pois nasceu em Chipre cercado-de-mar;
e ama-sorriso,[11] pois da genitália[12] surgiu.

Ora, à medida que o narrador, devido ao encontro que teve com as Musas, garante estar falando a verdade, ao mostrar, por meio do próprio nome — aceito em toda a Hélade — do deus que as histórias que ele conta como que estão inscritas na identidade verbal mesma do deus, ele confronta histórias de outras tradições que não revelariam o mesmo conhecimento profundo e inequívoco da realidade por ele dominado. A filiação da Afrodite de Homero — ela é filha de Zeus e de Dione — como que sucumbe às *provas* dadas na *Teogonia*, cuja lógica só tem espaço para uma Afrodite, a filha de Céu.

O surgimento de Afrodite é um dos nascimentos que marcam o fim da supremacia de Céu sobre o cosmo incipiente, ou seja, um momento de crise que antecede o equilíbrio cosmológico verificado ainda hoje pelos ouvintes do poema no seu cotidiano. Depois de Céu, também Crono, seu herdeiro como deus patriarca detentor do poder soberano, é derrotado; somente Zeus, como rei dos deuses e homens, sempre tem sucesso nos conflitos que enfrenta. No século XX percebeu-se que o chamado *mito de sucessão*, fundamental para o entendimento do poema, composto por três gerações de deuses e seus *patriarcas*, Céu, Crono e Zeus, e os conflitos principais que cada uma enfrenta — a castração de Céu, o nascimento de Zeus possibilitado pelo truque da pedra aplicado por Reia e o combate de Zeus contra os Titãs e, posteriormente, Tifeu — guarda semelhanças em graus diversos com mitos equivalentes

10. *Aphros.*
11. *Philommeidea.*
12. *Mēdōn.*

transmitidos por outras culturas antigas do Oriente, como a babilônia e hurro-hitita (Rutherford, 2009; Kelly, 2019). O intercâmbio verificado entre essas culturas problematiza, assim, a origem necessariamente nebulosa mas certamente não helenocêntrica do poema, ou pelo menos de parte dele. A maioria dos intérpretes concorda, hoje, que, de Homero e Hesíodo a Platão, não deve ter havido nada parecido com um *milagre grego*, ainda que não possamos sempre rastrear com precisão como teriam ocorrido os diversos casos de intercâmbio entre as culturas orientais e a grega (Burkert, 1992; West, 1997; Rutherford, 2009; Haubold, 2013).

ASTÚCIA «VERSUS» FORÇA E CRIATURAS PRODIGIOSAS

Os eventos do mito de sucessão são permeados por um par de opostos complementares fundamental na mitologia, vale dizer, na cultura grega, *astúcia* e *força* (Detienne & Vernant, 2008). É ele, por exemplo, que subjaz à oposição entre os heróis máximos dos dois poemas homéricos, Odisseu e Aquiles, o primeiro, o astuto por excelência, o segundo, o herói grego mais temido pelos troianos devido à sua força. Também é essa oposição que mostra, em diversas fábulas, animais mais fracos fisicamente derrotando os mais fortes ou velozes. No caso da *Teogonia*, desde o início a astúcia tem a particularidade de ser uma característica essencialmente feminina. É de Terra o plano ardiloso que permite a derrota de Céu; Farsa, *Apatē*, é filha de Noite; e Astúcia, *Mētis* — além de Persuasão, *Peithō* —, é uma das dezenas de filhas de Oceano. No mito de sucesso, a divindade que usar apenas uma das qualidades ou a usar de modo desproporcional em relação à outra sempre sucumbe a adversários que combinam as duas de forma mais eficaz.

Por outro lado, é a Terra que está ligada à geração dos seres tradicionalmente chamados de monstros (270–335), Équidna, Hidra de Lerna, Leão de Nemeia, Medusa, Pégaso, Cérbero, Quimera etc. O que caracteriza tais criaturas como uma coletividade é que elas não se assemelham nem aos deuses, nem aos homens, nem aos animais, mas são sempre seres estranhamente mistos, dotados — assim como sua ancestral primeira — de um inominável, enorme poder, algo que faz deles seres incapazes de serem conquistados pelos mortais, ou seja, "impossíveis", *amêkhanos*. Nesse sentido, e tendo em vista a história do termo *monstro*, Zanon (2018) mostrou ser mais apropriado chamar essas criaturas de *prodígios*. Os únicos que as superaram foram certos heróis, homens muito superiores em força e astúcia que os homens de hoje e que, além disso, foram auxiliados por deuses.

Pela lógica da narrativa, as criaturas prodigiosas parecem ser uma espécie de tentativa mal sucedida de continuar o desenvolvimento do cosmo (Clay, 2003), já que, em sua maioria, não têm função alguma salvo contribuírem para a fama do herói que os derrotou. Além disso, por meio delas se mostra que, assim como, no plano humano, mortais comuns se opõem a heróis, no divino, deuses se opõem a monstros. Além disso, como notou Pucci (2009), alguns deuses da geração de Zeus utilizam, eles próprios, uma criatura para obter determinado fim pessoal, o que sinaliza que o equilíbrio cósmico continua instável. Os monstros presentes no poema indicam, para o leitor do presente, que, por ora, a fertilidade feminina consubstanciada em Terra e que, na sua forma mais frenética e disforme, gerou tais criaturas — veja que nos versos 319 e 326 não fica claro quem é a mãe do respectivo monstro, o que parece acentuar o desregramento —, foi dominada e regrada por um elemento masculino, mas esse não será, necessariamente, o fim da história. No século XX e XXI, *monstros* continuam a assombrar a fantasia humana, seja na forma de ameaças espaciais ou da guerra atômica, seja como consequência da forma com que o homem trata o planeta em que habita — ou seja, novamente é Gaia quem parece deter a palavra final e, desta vez, inalienável.

ESTIGE E HÉCATE

Como que a contrabalançar o peso negativo dessas criaturas, na sequência nascem duas coletividades benfazejas, os Rios e as Oceaninas (337–70), e, entre essas últimas, destacam-se duas figuras femininas, Estige e Hécate (383–452). Ambas aparecem na narrativa, de forma anacrônica, para serem cooptadas por Zeus, cujo nascimento ainda não ocorreu. Isso se deve, como já foi mencionado acima, pela lógica própria do poema. As duas divindades femininas não só se opõem à negatividade essencialmente feminina dos monstros, mas também preparam a narrativa por vir. Estige ela mesma e seus filhos antecipam a vitória cósmica de Zeus e o novo equilíbrio que ele vai instaurar e manter. Esse equilíbrio, porém, não é resultado de uma tábula rasa, mas dá continuidade ao que já estivera equilibrado durante a supremacia de Crono.

Hécate, por sua vez, é a deusa que permite a primeira irrupção mais substancial dos homens no poema. Como o objetivo do poema é revelar a ordem do cosmo e as prerrogativas dos deuses e celebrá-los, é esperada a posição absolutamente marginal que o gênero humano ocupa no poema (Clay, 2003). Os homens e seu modo de vida são os protagonistas de outro poema atribuído a Hesíodo, *Trabalhos e dias*. Isso não significa, porém, que, do ponto de vista dos próprios deuses, ou seja, em última análise, da própria *Teogonia*, as características da fronteira que separa deuses e homens não sejam relevantes. Essas aparecem com clareza em dois episódios que emolduram o nascimento de Zeus, a celebração de Hécate e a história de Prometeu.

Se aos heróis — esses humanos mortais que, vale assinalar, estão no meio do caminho entre deuses e homens — é dada uma razão de ser durante o catálogo de monstros, a relação entre Zeus e Hécate, num momento do poema em que se enfatiza o equilíbrio cósmico resultante das responsabilidades diversas atribuídas a cada deus, revela que esse equilíbrio é indissociável da presença, na terra, dos homens. Dito de outro modo: para pensar-se, figurar-se o modo como os deuses são no mundo por meio da sequência de eventos que levou à ordem presente, utiliza-se também um retrato simplificado e razoavelmente genérico das práticas cultuais humanas. Deuses, cosmo e homens não existem um sem o outro. O trecho dedicado a Hécate, porém, revela também que a vida humana, mais que marcada por certo equilíbrio, é permeada pelo imponderável: por mais que os homens propiciem os deuses, nada garante que serão auxiliados por eles.

Não possuímos nenhum testemunho histórico independente da *Teogonia* que aponte para a importância cultual, mesmo que apenas local, de Hécate sugerida pelo destaque que lhe dado no poema. Isso é um forte indício de que comentadores como Clay (2003) estão corretos ao defender que a figura dessa deusa é usada para se falar de Zeus e da relação entre os homens e os deuses inaugurada por ele. Menos certa é a relação entre o nome de Hécate, a maneira como o poeta se refere ao seu modo de atuação — "se ela quiser" etc. — e o acaso.

ZEUS E PROMETEU

O nascimento de Zeus narrado logo depois (453–91) é o evento que permite a queda de Crono e a ascensão do terceiro soberano dos deuses. A astúcia de Terra é a responsável pela castração de Céu, a libertação, ou nascimento, de seus filhos, os Titãs, e a tomada de poder por parte do filho mais novo, Crono. De forma homóloga, é a astúcia da esposa de Crono, Reia, auxiliada pelos conselhos de Céu e Terra, que permite que seus filhos vejam a luz do Sol e Zeus destrone o pai. Desta vez, porém, há uma verdadeira competição entre astutos: como todo bom rei, Crono é previdente, e, ao aprender parcialmente com o erro de seu pai, decide engolir todos os filhos *após* esses serem paridos por sua esposa, com o que, porém, ainda exercita de uma forma arbitrária sua força. Reia, porém, o ludibria no nascimento de Zeus, de sorte que esse, por meio de uma série de manobras contadas rapidamente no poema, pode ocupar a regência do cosmo. Ainda que, pelo menos em parte, nesse momento da narrativa Zeus não seja representado como um agente deliberando sozinho, seu poder é de pronto ligado às duas esferas mencionadas acima, astúcia e força. Por enquanto, sua astúcia ainda é aquela da mãe e da avó; sua força, porém, está ligada ao seu primeiro ato como soberano — do ponto de vista da lógica da narrativa: a libertação dos

Ciclopes (501–6), aqueles que lhe fornecerão os raios e o trovão, atributos que, por certo, funcionam como armas mas também são simbólicos, já que apontam para sua ligação com o céu.

O primeiro conflito resolvido por Zeus, porém, envolve a astúcia (507–616). Trata-se do momento em que deuses e homens se distinguiram, se separaram em definitivo por ocasião de um banquete festivo para o qual Prometeu separou a carne de um boi. Marcam esse evento a origem do sacrifício, a conquista do fogo e a criação da mulher humana. O texto não procura descrever detalhadamente a linhagem humana que não dominava o fogo, ainda compartilhava da companhia dos deuses e não conhecia a reprodução sexual; isso é feito, sob viés distinto, em *Trabalhos e dias*. Todavia, como o narrador deixa claro que Zeus aceita a repartição da carne do boi feita por Prometeu para o banquete porque ele tinha em mente males destinados *aos homens mortais* (551–52), podemos supor que, nesse momento de sua regência, quando Zeus ainda precisa consolidar seu poder, os homens,[13] em conluio com Prometeu, representam uma ameaça que precisa ser dominada antes que seja tarde demais. A previdência é um atributo indispensável do soberano que quiser manter seu poder. Ao contrário de Zeus, que antecipa o movimento do provável inimigo, Crono falhou em sua tática de engolir os filhos: bastou que um escapasse para ele ser destronado.

Outro momento fundamental da história de Prometeu é a criação da primeira mulher. Ao contrário do que ocorre em *Trabalhos e dias*, aqui o narrador não informa seu nome, que lá é Pandora. Como em todos os eventos que marcam o episódio de Prometeu, bem e mal estão indissociavelmente ligados (Vernant, 1992 e 2002): nessa etiologia do sacrifício, os ossos, que não podem ser digeridos (mal), são encobertos pela gordura que solta delicioso aroma (bem), ao passo que a carne (bem) é disfarçada sob o repelente estômago (mal). Assinale-se que o disfarce — e,

---

13. Os versos 50 e 185–87 talvez sugiram que esses fossem guerreiros gigantes nascidos da terra, figuras que conhecemos de outros relatos.

consequentemente, a habilidade de reconhecer o que está disfarçado — também faz parte do domínio da astúcia: se Prometeu é astuto, Zeus o é em ainda mais alto grau. Os ossos, bem como o aroma da gordura queimada, são, por outro lado, sinais da imortalidade divina (bem), ao passo que a carne deliciosa, o alimento perecível, comida pelos homens aponta para sua mortalidade (mal). A a adoção da carne em sua dieta, escondida no estômago do boi, deixa claro que os homens são escravos de seu próprio estômago e precisam satisfazê-lo se não quiserem perecer.

No caso da Mulher, ela é dada aos homens em troca do fogo: ao passo que o fogo permite que os homens sejam civilizados e não comam carne crua, a mulher terá que ser por eles alimentada, caso queiram sobreviver por intermédio de um herdeiro. De fato, fogo e mulher precisam ser constantemente alimentados para que o homem não pereça. O sacrifício, o fogo e a bela mulher, portanto, indicam que há elementos que apontam para uma presença do divino no centro da vida humana, mas eles são tão tênues como a fumaça que sobe do sacrifício para o céu e tão artificiais quanto os enfeites da coroa da primeira mulher, contra a qual o homem não tem defesa alguma.

TITANOMAQUIA

Após essa separação entre deuses e homens levada a cabo por Zeus graças à astúcia, a separação seguinte, entre os deuses da geração de seu pai, os Titãs, e os da sua própria, os Olímpicos, é conseguida devido à supremacia alcançada sobretudo por meio da força. O episódio conhecido como Titanomaquia (617–720) mostra que o cosmo ficou mais complexo que quando sobre ele regia Céu, pois se, para vencer seu pai, num primeiro momento, Zeus contou com pelo menos dois ardis arquitetados pela mãe e pela avó — entregar a Crono uma pedra no lugar do bebê Zeus e, posteriormente, fazê-lo vomitar todos os irmãos de Zeus que com ele por fim lutariam contra os deuses mais velhos —, num segundo momento, a astúcia deixa de ser suficiente.

É de novo Terra quem aconselha ao neto libertar aqueles que haviam sido presos por Céu e assim mantidos por Crono abaixo da terra, os Cem-Braços. Trata-se de uma força descomunal que os dois soberanos anteriores acharam por bem simplesmente manter paralisada, paralisia homóloga àquela que tentaram, sem sucesso, implementar contra seus filhos. Zeus, porém, consegue convencê-los a serem seus aliados e eles se mostram decisivos no combate contra os Titãs, gratos por serem trazidos de volta à luz.

Luz e trevas: essa polaridade marca toda a Titanomaquia, pois os Titãs, uma vez vencidos, passam a ocupar o espaço sub-terrâneo onde antes estiveram os Cem-Braços que, porém, agora tem uma honra, uma função no cosmo, a de serem os eternos guardas dos deuses outrora poderosos, os Titãs. Essa polaridade, ademais, também prepara o episódio seguinte, pois o esforço de Zeus para vencer os Titãs como que traz o cosmo de volta ao seu estado inicial: terra, céu, mar e Tártaro, todos os espaços são atin-gidos pelo fogo dos raios de Zeus, o que representa uma recriação do mundo por meio da força. Não é por acaso que Abismo volta à cena (700 e 814) e que as imagens e sons desse conflito cataclís-mico sejam amplificadas para o ouvinte por meio de uma ima-gem que remete à união primordial entre Terra e Céu (700–5).

Uma vez finalizada a guerra, o narrador nos narra, pela pri-meira vez, como é a geografia das terras ínferas (721–819). Não que antes nada lá houvesse. Com o aprisionamento dos Titãs, porém, à essa parte do cosmo é conferida sua estabilidade e Zeus pode finalmente aparecer como o organizador último de todos os espaços. É por essa razão que de deuses como Sono e Morte e Noite e Dia, cujas funções cósmicas os ligam ao Tártaro, final-mente se fala mais longamente, uma vez mais se mostrando de que forma polos positivos e negativos da realidade estão interli-gados. É precisamente por isso que também nesse momento do poema descreve-se a função de Estige, ligada a uma jura divina que, quando quebrada por um deus, o leva a uma morte virtual por dez anos. A ligação entre Estige e Zeus mostra que também o juramento — uma instituição social fundamental também entre os homens — é instituído pelo rei dos deuses e homens para bem administrar o mundo divino onde conflitos não são excepcionais.

ZEUS E TIFEU

Curiosamente, porém, Zeus ainda terá que enfrentar mais um conflito belicoso, a luta contra Tifeu (820–80). Por um lado, como nos dois poemas épicos que conhecemos, a *Ilíada* e a *Odisseia*, o maior herói se revela quando um derrota inimigo poderoso com suas próprias mãos. Por outro lado, esse inimigo é, estranhamente, filho do próprio Tártaro com Terra. Que a fertilidade exacerbada desta tenho gerado um ser para destronar o novo senhor do cosmo, isto não surpreende, pois a eminência parda feminina foi peça fundamental na deposição de Céu e Crono; que aquele seja o pai, isto sim é curioso, pois até este momento da narrativa dele apenas se falou como um espaço. É como se, pela lógica da narrativa hesiódica, só agora ele tivesse adquirido o estatuto pleno de divindade e precisasse se envolver em um conflito que garanta que sua forma não se alterará.

Tifeu, por sua vez, adquire, devido à lógica da narrativa, o lugar de filho de Zeus, pois todo rei anterior fora deposto por seu filho, sempre ligado à Terra. O conflito contra os Titãs, porém, já mostrou que a manipulação da astúcia e da força, no grau superlativo em que o faz Zeus, não deixa espaço para a possibilidade de derrota, mesmo que o adversário também seja muito forte — Tifeu tem cabeças com olhos de onde sai fogo — e muito astuto — suas cem cabeças produzem todo tipo de som, sendo que a metamorfose é um elemento mítico típico do universo da astúcia. Além disso, esse combate singular entre a criatura monstruosa e Zeus também permite que Terra, derradeiramente, seja derrotada e esterilizada. O fogo de Zeus como que a derrete: de criadora de metal e artífice metalúrgica, Terra como que se transforma, graças ao fogo aniquilador de Zeus, no metal que é manipulado por artesãos machos (861–67).

Uma vez derrotada a astuta Terra, que imediatamente se torna aliada de Zeus (891), a primeira providência do soberano é casar com Astúcia e, antes de essa parir seu primeiro filho, devorá-la, não esperando que essa gerasse um deus macho mais forte que ele (886–900). Muellner (1996) mostrou como esse episódio arremata todos os conflitos dinásticos narrados até então: Zeus não devora seu primeiro filho, como Crono, ou obriga que sua esposa o guarde no ventre, como Céu, mas assimila o elemento feminino em si mesmo, Astúcia, e o gera como aliado, Atena. Com isso, Zeus se torna um andrógino perfeito,[14] e não um disforme emasculado, como Céu. A astúcia revela-se mais uma vez essencialmente feminina, mas para sempre assimilada pelo próprio rei. A filha produzida pelo rei não só não é um macho — e foram sempre jovens machos que derrotaram seus pais —, mas é uma virgem, ou seja, uma deusa que não irá produzir uma ameaça ao *status quo*. Por fim, ao ingerir a esposa grávida do primeiro filho, ele bloqueou a previsão de que, depois de Atena, Astúcia geraria um filho mais forte que o pai. Pela primeira vez, o rei dos deuses consegue *desparir* de forma perfeita e acabada.

E somente agora nasce, de Zeus e várias de suas esposas, uma linhagem de deuses responsáveis pelo que há de bom no cosmo propriamente humano, ou seja, na sociedade (901–17): Norma, Decência, Justiça, Paz, as Musas, Radiância, Alegria e Festa, notável prole antípoda aos filhos de Noite e Briga. A última esposa de Zeus, Hera, é aquela que, de acordo com a lógica do poema, representa a maior ameaça a Zeus, mas tanto o filho mais perigoso que os dois têm juntos, quanto aquele que Hera, como que emulando Zeus no caso de Atena, tem sozinha, Hefesto, não representam adversários fortes o suficiente contra a filha que mais se assemelha ao pai e está completamente alinhada com ele, Atena, senhora da guerra mas também da astúcia (921–29).

14. Do ponto de vista grego: muito mais masculino que feminino.

É nesse sentido que se deve entender o longo catálogo que finaliza o poema e que tem três partes: os casamentos de Zeus e os filhos deles resultantes (901–29); um catálogo mais abrangente de casamentos divinos (930–61), que revelam, de forma sumária, um panteão muito bem organizado e potencialmente harmônico;[15] e finalmente um catálogo de deusas que se uniram a mortais (962–1020). Ora, com as deusas fêmeas que se unem a machos mortais, o princípio de ruptura que vigorara ao longo do poema agora se desloca para o mundo dos homens, mais precisamente, o mundo dos heróis: nesse mundo, filhos poderão ser mais fortes que os pais, podendo, no limite, o que atesta Telégono, o filho de Circe e Odisseu, matá-lo.

Para concluir, mencione-se que há uma discussão inconclusa sobre onde a versão "original" da *Teogonia* teria terminado. Autores como Clay (2003) e Kelly (2007) mostraram que os catálogos tal como analisados acima compõe um final muito adequado ao poema; assim, provavelmente somente os quatro ou possivelmente os dois últimos versos foram acrescentados ao poema em um certo momento de sua transmissão para introduzir um outro poema atribuído a Hesíodo, o *Catálogo das mulheres*, que chegou a nós por meio de fragmentos, que procurava dar uma visão geral da idade dos heróis a partir das mulheres que com deuses dormiram por toda a Grécia, catálogo este que, possivelmente, era concluído pelo catálogo de pretendentes de Helena, cujo casamento redundou no grande cataclisma que foi a guerra de Troia, que metonimicamente podia ser pensada, na Antiguidade, como o fim da época dos heróis.

DA TRADUÇÃO

Para definir o texto grego aqui traduzido, cotejaram-se as seguintes edições: West (1966), Most (2006) e Ricciardelli (2018).

---

15. Como que servindo de epítome, o casamento entre Ares e Afrodite produz, por um lado, os machos Terror e Pânico, mas, por outro, Harmonia.

Também foram muito úteis para se definir a opção por determinada leitura ou interpretação, bem como para compor as notas, diversos textos citados na bibliografia, especialmente Marg (1970), Verdenius (1972), Arrighetti (2007), Pucci (2007) e Vergados (2020). Para a tradução, também foi fundamental o léxico organizado por Snell *et al.* (1955–2010).

Um dos principais problemas enfrentados pelo o tradutor da *Teogonia* diz respeito ao nomes das divindades. Não se buscou nenhum tipo de padronização muito rígida, ou seja, ficou-se entre os extremos de traduzir quase todos os nomes e quase nenhum nome. De forma geral, os principais critérios foram o bom senso, o conhecimento do leitor e a sonoridade. Além disso, as notas apresentam a transliteração de todos os nomes, bem como explicitam algumas figuras etimológicas.

Para facilitar a leitura, optou-se por seguir o que fazem a maioria dos editores em sua forma de propor uma divisão do poema em partes distintas. O recuo de parágrafo, ainda que estranho em um poema, deve ser pensado como equivalente a um novo parágrafo em uma narrativa em prosa. Não é possível saber, entretanto, se tais marcações são equivalentes a pausa nas performances orais originais dos poemas. Trata-se, portanto, de um recurso eminentemente didático.

Algumas soluções que adotei nas minhas traduções de Homero (2018a) e (2018b) nortearam certas modificações nesta edição da tradução do poema hesiódico. Uma delas é evitar excessos no uso da ordem sintática indireta.

A numeração das notas de rodapé em forma de lemas segue o número que indica um verso ou um conjunto de versos do poema.

Por fim, gostaria de agradecer àqueles que compartilharam comigo seu conhecimento de Hesíodo, em especial, da *Teogonia*, desde a 1ª edição deste volume ou me apontaram o que nele poderia ser melhorado ou corrigido: Camila Zanon, Thanassis Vergados, Jim Marks, Adrian Kelly, Teodoro Assunção, André Malta, os membros da minha banca de livre-docência — Jaa Torrano, Zélia de Almeida Cardoso, Jacyntho L. Brandão, Pedro Paulo Funari e Maria Beatriz Florenzano — e Antonio-Orlando Dourado Lopes.

BIBLIOGRAFIA

ALLAN, W. "Divine justice and cosmic order in early Greek Epic". In: *Journal of Hellenic Studies*, v. 126, 2006, p. 1–35.

ANDERSEN, Ø.; HAUG, D. T. T. (org.) *Relative chronology in early Greek epic poetry*. Cambridge: Cambridge University Press, 2012.

ANTUNES, C. L. B. "26 hinos homéricos". In: *Cadernos de literatura em tradução* v. 15, p. 13–23, 2015.

ARNOULD, D. "Les noms des dieux dans la *Théogonie* d'Hésiode: étymologies et jeux de mots". In: *Revue des études grecques*, v. 122, 2009, p. 1–14.

ARRIGHETTI, G. *Esiodo opere*. Milão: Mondadori, 2007.

BAKKER, E. J. "Hesiod in performance". In: LONEY, A. C.; SCULLY, S. (org.) *The Oxford Handbook of Hesiod*. Oxford: Oxford, 2018.

BLAISE, F.; JUDET DE LA COMBE, P.; ROUSSEAU, P. (org.) *Le métier du mythe: lectures d' Hésiode*. Lille: Presses Universitaires du Septentrion, 1996.

BRANDÃO, J. L. *Antiga Musa (arqueologia da ficção)*. Belo Horizonte: Relicário, 2015.

BURKERT, W. *The Orientalizing revolution: Near Eastern influence on Greek culture in the early archaic age*. Cambridge: Harvard University Press, 1992.

_____. *Religião grega na época clássica e arcaica*. Lisboa: Fundação Calouste Gulbenkian, 1993.

CINGANO, E. "The Hesiodic corpus". In: MONTANARI, F.; RENGAKOS, A.; TSA-GALIS, C. (org.) *Brill's companion to Hesiod*. Leiden/ Boston: Brill, 2009, p. 91–130.

CLAY, J. S. *Hesiod's cosmos*. Cambridge: Cambridge University Press, 2003.

COLONNA, A. *Opere di Esiodo*. Turim: Unione Tipografico-Editrice, 1977.

DETIENNE, M. *Os mestres da verdade na Grécia arcaica*. Rio de Janeiro: Jorge Zahar, 1988.

DETIENNE, M.; VERNANT, J. P. *Métis: As astúcias da inteligência*. São Paulo: Odysseus, 2008.

GAGARIN, M. "The poetry of justice: Hesiod and the origins of Greek law". In: *Ramus*, v. 21, 1992, p. 61–78.

HAUBOLD, J. *Greece and Mesopotamia: dialogues in literature*. Cambridge: Cambridge University Press, 2013.

JANDA, M. *Über Stock und Stein: die indogermanischen Variationen eines universalen Phraseologismus*. Röll: Dettelbach, 1997.

JANKO, R. *Homer, Hesiod and the Hymns: diachronic development in epic diction*.

Cambridge: Cambridge University Press, 1982.

KELLY, A. "How to end an orally-derived epic poem?" In: *Transactions of the American Philological Association*, n. 137, 2007, p. 371–402.

_____. "Gendrificando o mito de sucessão em Hesíodo e no antigo Oriente Próximo". In: *Classica*, v. 32, n. 2, 2019, p. 119–38.

KONING, H. *Hesiod, the other poet: ancient reception of a cultural icon*. Leiden: Brill, 2010.

LAKS, A. "Le doublé du roi: remarques sur les antécédents hésiodiques du philosophe-roi". In: BLAISE, F.; JUDET DE LA COMBE, P.; ROUSSEAU, P. (org.) *Le métier du mythe: lectures d' Hésiode*. Lille: Presses Universitaires du Septentrion, 1996.

LAMBERTON, R. *Hesiod*. New Haven: Yale University Press, 1988.

LECLERC, M. C. *La parole chez Hésiode: à la recherche de l'harmonie perdue*. Paris: Belles Lettres, 1993.

LEDBETTER, G. M. *Poetics before Plato: interpretation and authority in early Greek theories of poetry*. Princeton: Princeton University Press, 2003.

LONEY, A. C. "Hesiod's temporalities". In: LONEY, A. C.; SCULLY, S. (org.) *The Oxford Handbook of Hesiod*. Oxford: Oxford, 2018.

MACEDO, J. M. *A palavra ofertada: um estudo retórico dos hinos gregos e indianos*. Campinas: Edunicamp, 2010.

MARG, W. *Hesiod*: Sämtliche Gedichte. Artemis: Zürich/ Stuttgart, 1970.

MARTIN, R. P. "Hesiod, Odysseus, and the instruction of princes". In: *Transactions of the American Philological Association*, v. 114, 1984, p. 29–48.

_____. Hesiodic theology. In: LONEY, A. C.; SCULLY, S. (org.) *The Oxford Handbook of Hesiod*. Oxford: Oxford, 2018.

MEIER-BRÜGGER, M. "Zu Hesiods Namen". In: *Glotta*, v. 68, 1990, p. 62–67.

MORAES, A. S. de. "História e etnicidade: Homero à vizinhança do pan-helenismo". In: *Hélade*, v. 5, n. 1, 2019, p. 12–36.

MOST, G. W. "Hesiod and the textualization of personal temporality". In: MONTANARI, F.; ARRIGHETTI, G. (org.) *La componente autobiografica nella poesia greca e latina*. Pisa: Giardini, 1993, p. 73–91.

_____. *Hesiod:* Theogony, Works and Days, Testimonia. Cambridge: Harvard University Press, 2006.

MUELLNER, L. C. *The anger of Achilles:* mēnis *in Greek epic*. Ithaca: Cornell University Press, 1996.

MURRAY, P. "Poetic inspiration in early Greece". In: *Journal of Hellenic Studies*, v. 101, 1981, p. 87–100.

NAGY, G. "Hesiod and the poetics of Pan-Hellenism". In: *Greek mythology and poetics*. Ithaca: Cornell Univesity Press, 1990, p. 36–82.

_____. *The best of the Achaeans: concepts of the hero in archaic Greek poetry*. Baltimore: Johns Hopkins University Press, 1999.

OLIVEIRA, J. "*Áurea Afrodite* e a ordem cósmica de Zeus na poesia hesiódica". In: *Codex: Revista de estudos clássicos*. Rio de Janeiro, v. 7, n. 2, 2019, p. 69–80.

_____. "A linhagem dos heróis na cosmologia hesiódica". In: *Rónai*, v. 8, n. 2, 2020, p. 353–374.

PUCCI, P. *Hesiod and the language of poetry*. Baltimore: Johns Hopkins University Press, 1977.

_____. *Inno alle Muse (Esiodo, Teogonia, 1–115): texto, introduzione, traduzione e commento*. Pisa: Fabrizio Serra, 2007.

_____. "The poetry of the *Theogony*". In: MONTANARI, F.; RENGAKOS, A.; TSAGALIS, C. (org.) *Brill's Companion to Hesiod*. Leiden/ Boston: Brill, 2009, p. 37–70.

RICCIARDELLI, G. *Esiodo:* Teogonia. Milão: Fondazione Lorenzo Valla/ Mondadori, 2018.

RIJKSBARON, A. "Discourse cohesion in the proem of Hesiod's *Theogony*". In: BAKKER, S.; WAKKER, G. (org.) *Discourse cohesion in Ancient Greek*. Leiden: Brill, 2009.

RIBEIROJr., W. A. *et al. Hinos homéricos: tradução, notas e estudo*. São Paulo: Edunesp, 2011.

ROSENFIELD, K. H. *Desenveredando Rosa: a obra de J. G. Rosa e outros ensaios*. Rio de Janeiro: Topbooks, 2006.

ROWE, C. J. "Archaic thought in Hesiod". In: *Journal of Hellenic Studies*, v. 103, p. 124–35, 1983.

RUTHERFORD, I. "Hesiod and the literary traditions of the Near East". In: MONTANARI, F.; RENGAKOS, A.; TSAGALIS, C. (org.) *Brill's companion to Hesiod*. Leiden: Brill, 2009.

SCULLY, S. *Hesiod's* Theogony: *from Near Eastern creation myths to* Paradise Lost. Oxford/ Nova Iorque: Oxford University Press, 2015.

SNELL, B. "O mundo dos deuses em Hesíodo". In: *A cultura grega e as origens do pensamento*. São Paulo: Perspectiva, 2001.

SNODGRASS, A. M. *The Dark Age of Greece*. Edimburgo: Edinburgh University Press, 1971.

THALMANN, W. G. *Conventions of form and thought in early Greek epic*. Baltimore/ Londres: Johns Hopkins University Press, 1984.

TORRANO, J. A. A. *Hesíodo:* Teogonia. *A origem dos deuses. Estudo e tradução*. São Paulo: Iluminuras, 1992.

_____. "O certame Homero–Hesíodo". In: *Letras clássicas*, n. 9, p. 215–24, 2005.

TSAGALIS, C. "Poetry and poetics in the Hesiodic corpus". In: MONTANARI, F.; RENGAKOS, A.; TSAGALIS, C. (org.) *Brill's companion to Hesiod*. Leiden: Brill, 2009, p. 131–78.

VERDENIUS, W. J. "Notes on the proem of Hesiod's *Theogony*". In: *Mnemosyne*, v. 25, 1972, p. 225–60.

VERGADOS, A. "Stitching narratives: unity and episod in Hesiod". In: WERNER, C.; DOURADO-LOPES, A.; WERNER, E. (org.) *Tecendo narrativas: unidade e episódio na literatura grega antiga*. São Paulo: Humanitas, 2015, p. 29–54.

_____. *Hesiod's verbal craft: studies in Hesiod's conception of language and its ancient reception*. Oxford: Oxford University Press, 2020.

VERNANT, J. P. *Mito e sociedade na Grécia antiga*. Rio de Janeiro: José Olympio, 1992.

_____. *Mito e pensamento entre os gregos*. Rio de Janeiro: Paz e Terra, 2002.

VERSNEL, H. S. *Coping with the gods: wayward readings in Greek theology*. Leiden: Brill, 2011.

WEST, M. L. *Hesiod, Theogony: edited with prolegomena and commentary*. Oxford: Oxford University Press, 1966.

_____. *The east face of Helicon: West Asiatic elements in Greek poetry and myth*. Oxford: Oxford University Press, 1997.

WOODWARD, R. D. "Hesiod and Greek myth". In: *The Cambridge companion to Greek mythology*. Cambridge: Cambridge University Press, 2007.

ZANON, C. A. *Onde vivem os monstros: criaturas prodigiosas na poesia de Homero e Hesíodo*. São Paulo: Humanitas, 2018.

Teogonia

Μουσάων Ἑλικωνιάδων ἀρχώμεθ᾽ ἀείδειν,
αἵθ᾽ Ἑλικῶνος ἔχουσιν ὄρος μέγα τε ζάθεόν τε,
καί τε περὶ κρήνην ἰοειδέα πόσσ᾽ ἁπαλοῖσιν
ὀρχεῦνται καὶ βωμὸν ἐρισθενέος Κρονίωνος·
5 καί τε λοεσσάμεναι τέρενα χρόα Περμησσοῖο
ἢ Ἵππου κρήνης ἢ Ὀλμειοῦ ζαθέοιο
ἀκροτάτῳ Ἑλικῶνι χοροὺς ἐνεποιήσαντο,
καλοὺς ἱμερόεντας, ἐπερρώσαντο δὲ ποσσίν.

ἔνθεν ἀπορνύμεναι κεκαλυμμέναι ἠέρι πολλῷ
10 ἐννύχιαι στεῖχον περικαλλέα ὄσσαν ἱεῖσαι,
ὑμνεῦσαι Δία τ᾽ αἰγίοχον καὶ πότνιαν Ἥρην
Ἀργείην, χρυσέοισι πεδίλοις ἐμβεβαυῖαν,
κούρην τ᾽ αἰγιόχοιο Διὸς γλαυκῶπιν Ἀθήνην
Φοῖβόν τ᾽ Ἀπόλλωνα καὶ Ἄρτεμιν ἰοχέαιραν
15 ἠδὲ Ποσειδάωνα γαιήοχον ἐννοσίγαιον
καὶ Θέμιν αἰδοίην ἑλικοβλέφαρόν τ᾽ Ἀφροδίτην
Ἥβην τε χρυσοστέφανον καλήν τε Διώνην
Λητώ τ᾽ Ἰαπετόν τε ἰδὲ Κρόνον ἀγκυλομήτην
Ἠῶ τ᾽ Ἠέλιόν τε μέγαν λαμπράν τε Σελήνην
20 Γαῖάν τ᾽ Ὠκεανόν τε μέγαν καὶ Νύκτα μέλαιναν
ἄλλων τ᾽ ἀθανάτων ἱερὸν γένος αἰὲν ἐόντων.

Pelas Musas do Hélicon comecemos a cantar,
elas que o Hélicon ocupam, monte grande e numinoso,
e em volta de fonte violácea com pés macios
dançam, e do altar do possante Cronida;
tendo a pele delicada no Permesso banhado,   5
na Fonte do Cavalo ou no Olmeio numinoso,
no cimo do Hélicon compõem danças corais
belas, desejáveis, e fluem com os pés.

De lá se lançando, ocultas por densa neblina,
de noite avançavam, belíssima voz emitindo,   10
louvando Zeus porta-égide, a soberana Hera
argiva, que pisa com douradas sandálias,
a filha de Zeus porta-égide, Atena olhos-de-coruja,
Febo Apolo e Ártemis verte-setas,
Posêidon, Treme-Solo sustém-terra,   15
respeitada Norma e Afrodite olhar-vibrante,
Juventude coroa-dourada e a bela Dione,
Leto, Jápeto e Crono curva-astúcia,
Aurora, o grande Sol e a reluzente Lua,
Terra, o grande Oceano e a negra Noite,   20
e a sacra linhagem dos outros imortais sempre vivos.

1 Hélicon] montanha próxima ao vilarejo de Ascra, na Beócia, mencionado
em *Trabalhos e dias* como a localidade para onde emigrara o pai do poeta.   4
dançam,] as Musas dançam em conjunto como um coro feminino, prática
músico-ritual comum em várias ocasiões sócio-religiosas específicas nas co-
munidades gregas arcaicas.   6 Fonte do Cavalo] traduz Hipocrene.   11
louvando] "louvar", e às vezes "cantar", traduz o verbo grego *humnein*, de eti-
mologia desconhecida, que, se guarda alguma especificidade nas tradições he-
xamétricas gregas, essa não é mais recuperável.   13 Atena olhos-de-coruja,]
olhos-de-coruja é provavelmente o sentido cultual original desse epíteto, que,
na época histórica, em algum momento passou a ser reinterpretado como
"com olhar brilhante (glauco)".   14 Febo Apolo] epíteto de Apolo de origem
desconhecida, talvez ligado à luz ou à pureza.   15 Treme-Solo sustém-terra,]
epítetos de Posêidon.   16 Norma] também traduzido como Regra. No
original, *Themis*.   16 Afrodite olhar-vibrante,] não há segurança sobre o
sentido do epíteto de Afrodite; "de olhos negros" é outra possibilidade.   17
Juventude] *Hēbē*.   17 Dione,] em Homero, é a mãe de Afrodite, mas não
em Hesíodo.   19 Aurora,] *Ēōs*.   19 Sol] *Ēelios*.   19 Lua,] *Selēnē*.   20
Terra,] *Gaia*.   20 Noite,] *Nux*.

αἵ νύ ποθ' Ἡσίοδον καλὴν ἐδίδαξαν ἀοιδήν,
ἄρνας ποιμαίνονθ' Ἑλικῶνος ὕπο ζαθέοιο.
τόνδε δέ με πρώτιστα θεαὶ πρὸς μῦθον ἔειπον,
25 Μοῦσαι Ὀλυμπιάδες, κοῦραι Διὸς αἰγιόχοιο·
' ' ποιμένες ἄγραυλοι, κάκ' ἐλέγχεα, γαστέρες οἶον,
ἴδμεν ψεύδεα πολλὰ λέγειν ἐτύμοισιν ὁμοῖα,
ἴδμεν δ' εὖτ' ἐθέλωμεν ἀληθέα γηρύσασθαι.' '
ὣς ἔφασαν κοῦραι μεγάλου Διὸς ἀρτιέπειαι,
30 καί μοι σκῆπτρον ἔδον δάφνης ἐριθηλέος ὄζον
δρέψασαι, θηητόν· ἐνέπνευσαν δέ μοι αὐδὴν
θέσπιν, ἵνα κλείοιμι τά τ' ἐσσόμενα πρό τ' ἐόντα,
καί μ' ἐκέλονθ' ὑμνεῖν μακάρων γένος αἰὲν ἐόντων,
σφᾶς δ' αὐτὰς πρῶτόν τε καὶ ὕστατον αἰὲν ἀείδειν.

35   ἀλλὰ τίη μοι ταῦτα περὶ δρῦν ἢ περὶ πέτρην;
τύνη, Μουσάων ἀρχώμεθα, ταὶ Διὶ πατρὶ
ὑμνεῦσαι τέρπουσι μέγαν νόον ἐντὸς Ὀλύμπου,
εἴρευσαι τά τ' ἐόντα τά τ' ἐσσόμενα πρό τ' ἐόντα,
φωνῇ ὁμηρεῦσαι, τῶν δ' ἀκάματος ῥέει αὐδὴ
40 ἐκ στομάτων ἡδεῖα· γελᾷ δέ τε δώματα πατρὸς
Ζηνὸς ἐριγδούποιο θεᾶν ὀπὶ λειριοέσσῃ
σκιδναμένῃ, ἠχεῖ δὲ κάρη νιφόεντος Ὀλύμπου
δώματά τ' ἀθανάτων· αἱ δ' ἄμβροτον ὄσσαν ἱεῖσαι
θεῶν γένος αἰδοῖον πρῶτον κλείουσιν ἀοιδῇ
45 ἐξ ἀρχῆς, οὓς Γαῖα καὶ Οὐρανὸς εὐρὺς ἔτικτεν,

Sim, então essas a Hesíodo o belo canto ensinaram,
quando apascentava cordeiros sob o Hélicon numinoso.
Este discurso, primeiríssimo ato, dirigiram-me as deusas,
as Musas do Olimpo, filhas de Zeus porta-égide: 25
"Pastores rústicos, infâmias vis, ventres somente,
sabemos falar muito fato enganoso como genuíno,
e sabemos, quando queremos, proclamar verdades".
Assim falaram as filhas do grande Zeus, as palavra-ajustada,
e me deram o cetro, galho vicejante de louro,   30
após o colher, admirável; e sopraram-me voz
inspirada para eu glorificar o que será e foi,
pedindo que louvasse a linhagem dos ditosos sempre vivos
e a elas mesmas primeiro e por último sempre cantasse.

Mas por que disso falo em torno do carvalho e da pedra?   35
Ei tu, comecemos pelas Musas, que para Zeus pai
cantam e deleitam sua grande mente no Olimpo,
dizendo o que é, o que será e o que foi antes,
harmonizando com o som, e, incansável, flui sua voz
das bocas, doce; sorri a morada do pai   40
Zeus altissoante com a voz de lírio das deusas,
irradiante; ressoam o cume do Olimpo nevado
e as casas dos imortais: elas, imorredoura voz emitindo,
dos deuses a respeitada linhagem primo glorificam no canto
dês o início, estes que Terra e amplo Céu pariram,   45

22 o belo canto ensinaram,] a arte de cantar em geral e não um canto especí-
fico.   29 palavra-ajustada,] traduz *artiepēs*, que na *Ilíada* 22.281 tem sentido
negativo, quando Aquiles censura a ladina manipulação discursiva de Heitor.
30 cetro,] o cetro costuma ser associado a Zeus e aos reis, mas, como aqui é
de um loureiro, o vínculo com Apolo também é possível.   35 por que disso
falo em torno do carvalho e da pedra?] o uso que Hesíodo faz dessa expressão
é controverso; independente do contexto poético, uma análise comparativa
indo-europeia propõe que o sentido da fórmula utilizado aqui é "de forma ge-
ral, de tudo um pouco". Hesíodo, portanto, se perguntaria: "por que divago"?
45 Céu] *Ouranos*.

37

οἵ τ' ἐκ τῶν ἐγένοντο, θεοὶ δωτῆρες ἐάων·
δεύτερον αὖτε Ζῆνα θεῶν πατέρ' ἠδὲ καὶ ἀνδρῶν,
ἀρχόμεναί θ' ὑμνεῦσι καὶ ἐκλήγουσαι ἀοιδῆς,
ὅσσον φέρτατός ἐστι θεῶν κάρτει τε μέγιστος·
50 αὖτις δ' ἀνθρώπων τε γένος κρατερῶν τε Γιγάντων
ὑμνεῦσαι τέρπουσι Διὸς νόον ἐντὸς Ὀλύμπου
Μοῦσαι Ὀλυμπιάδες, κοῦραι Διὸς αἰγιόχοιο.

   τὰς ἐν Πιερίῃ Κρονίδῃ τέκε πατρὶ μιγεῖσα
Μνημοσύνη, γουνοῖσιν Ἐλευθῆρος μεδέουσα,
55 λησμοσύνην τε κακῶν ἄμπαυμά τε μερμηράων.
ἐννέα γάρ οἱ νύκτας ἐμίσγετο μητίετα Ζεὺς
νόσφιν ἀπ' ἀθανάτων ἱερὸν λέχος εἰσαναβαίνων·
ἀλλ' ὅτε δή ῥ' ἐνιαυτὸς ἔην, περὶ δ' ἔτραπον ὧραι
μηνῶν φθινόντων, περὶ δ' ἤματα πόλλ' ἐτελέσθη,
60 ἡ δ' ἔτεκ' ἐννέα κούρας, ὁμόφρονας, ᾗσιν ἀοιδὴ
μέμβλεται ἐν στήθεσσιν, ἀκηδέα θυμὸν ἐχούσαις,
τυτθὸν ἀπ' ἀκροτάτης κορυφῆς νιφόεντος Ὀλύμπου·
ἔνθά σφιν λιπαροί τε χοροὶ καὶ δώματα καλά,
πὰρ δ' αὐτῆς Χάριτές τε καὶ Ἵμερος οἰκί' ἔχουσιν
65 ἐν θαλίῃς· ἐρατὴν δὲ διὰ στόμα ὄσσαν ἱεῖσαι
μέλπονται, πάντων τε νόμους καὶ ἤθεα κεδνὰ
ἀθανάτων κλείουσιν, ἐπήρατον ὄσσαν ἱεῖσαι.
αἳ τότ' ἴσαν πρὸς Ὄλυμπον, ἀγαλλόμεναι ὀπὶ καλῇ,
ἀμβροσίῃ μολπῇ· περὶ δ' ἴαχε γαῖα μέλαινα
70 ὑμνεύσαις, ἐρατὸς δὲ ποδῶν ὕπο δοῦπος ὀρώρει
νισομένων πατέρ' εἰς ὅν· ὁ δ' οὐρανῷ ἐμβασιλεύει,
αὐτὸς ἔχων βροντὴν ἠδ' αἰθαλόεντα κεραυνόν,

e estes que deles nasceram, os deuses oferentes de bens;
na sequência, a Zeus, pai de deuses e homens,
que elas louvam ao iniciar e cessar o canto,
pois é o mais forte dos deuses e supremo em poder;
depois, a linhagem dos homens e dos poderosos Gigantes   50
louvando, deleitam a mente de Zeus no Olimpo
as Musas do Olimpo, filhas de Zeus porta-égide.

    Pariu-lhes na Piéria, após se unir ao pai, o Cronida,
Memória, regente das ladeiras de Eleuteros,
como esquecimento de males e suspensão de afãs.   55
Por nove noites com ela se uniu o astucioso Zeus
longe dos imortais, subindo no sacro leito;
mas quando o ano chegou, e as estações deram a volta,
os meses finando, e muitos dias passaram,
ela gerou nove filhas concordes, que do canto   60
no peito se ocupam com ânimo sereno,
perto do mais alto pico do Olimpo nevado:
lá têm reluzentes pistas de dança e belas moradas,
e junto delas as Graças e Desejo habitam
em festas; pela boca amável voz emitindo,   65
cantam e dançam e os costumes e usos sábios de todos
os imortais glorificam, amável voz emitindo.
Nisso iam ao Olimpo, gozando a bela voz,
com música imortal; rugia a negra terra em volta
ao cantarem, e amável ressoo subia dos pés   70
ao retornarem a seu pai: ele reina no céu,
ele mesmo segurando trovão e raio chamejante,

---

48 louvam ao iniciar e cessar o canto,] o texto tal como transmitido pelos manuscritos tem problemas, e sua tradução seria "as deusas cantam, ao iniciar e cessar o canto"; a maioria dos filólogos opta por deletá-lo. Seguindo-se Colonna e Pucci, adotou-se uma correção de A. Ludwich no 2º hemistíquio. **53** Piéria,] região logo ao norte do Olimpo. **54** Memória,] *Mnēmosunē*. **55** esquecimento] Em grego, o par memória *versus* esquecimento é marcado fonicamente: *mnēmosunee* x *lēsmosunēō*. **64** Graças] *Kharites*, sing. *Kharis*. **64** Desejo] *Himeros*.

κάρτει νικήσας πατέρα Κρόνον· εὖ δὲ ἕκαστα
ἀθανάτοις διέταξε ὁμῶς καὶ ἐπέφραδε τιμάς.

75   ταῦτ' ἄρα Μοῦσαι ἄειδον Ὀλύμπια δώματ' ἔχουσαι,
ἐννέα θυγατέρες μεγάλου Διὸς ἐκγεγαυῖαι,
Κλειώ τ' Εὐτέρπη τε Θάλειά τε Μελπομένη τε
Τερψιχόρη τ' Ἐρατώ τε Πολύμνιά τ' Οὐρανίη τε
Καλλιόπη θ'· ἡ δὲ προφερεστάτη ἐστὶν ἀπασέων.
80 ἡ γὰρ καὶ βασιλεῦσιν ἅμ' αἰδοίοισιν ὀπηδεῖ.
ὅντινα τιμήσουσι Διὸς κοῦραι μεγάλοιο
γεινόμενόν τε ἴδωσι διοτρεφέων βασιλήων,
τῷ μὲν ἐπὶ γλώσσῃ γλυκερὴν χείουσιν ἐέρσην,
τοῦ δ' ἔπε' ἐκ στόματος ῥεῖ μείλιχα· οἱ δέ νυ λαοὶ
85 πάντες ἐς αὐτὸν ὁρῶσι διακρίνοντα θέμιστας
ἰθείῃσι δίκῃσιν· ὁ δ' ἀσφαλέως ἀγορεύων
αἶψά τι καὶ μέγα νεῖκος ἐπισταμένως κατέπαυσε·
τοὔνεκα γὰρ βασιλῆες ἐχέφρονες, οὕνεκα λαοῖς
βλαπτομένοις ἀγορῆφι μετάτροπα ἔργα τελεῦσι
90 ῥηιδίως, μαλακοῖσι παραιφάμενοι ἐπέεσσιν·
ἐρχόμενον δ' ἀν' ἀγῶνα θεὸν ὣς ἱλάσκονται
αἰδοῖ μειλιχίῃ, μετὰ δὲ πρέπει ἀγρομένοισι.

τοίη Μουσάων ἱερὴ δόσις ἀνθρώποισιν.
ἐκ γάρ τοι Μουσέων καὶ ἑκηβόλου Ἀπόλλωνος
95 ἄνδρες ἀοιδοὶ ἔασιν ἐπὶ χθόνα καὶ κιθαρισταί,
ἐκ δὲ Διὸς βασιλῆες· ὁ δ' ὄλβιος, ὅντινα Μοῦσαι
φίλωνται· γλυκερή οἱ ἀπὸ στόματος ῥέει αὐδή.
εἰ γάρ τις καὶ πένθος ἔχων νεοκηδέι θυμῷ
ἄζηται κραδίην ἀκαχήμενος, αὐτὰρ ἀοιδὸς
100 Μουσάων θεράπων κλεῖα προτέρων ἀνθρώπων
ὑμνήσει μάκαράς τε θεοὺς οἳ Ὄλυμπον ἔχουσιν,

pois no poder venceu o pai Crono; bem cada coisa
apontou aos imortais por igual e indicou suas honrarias.

Isso cantavam as Musas, que têm morada olímpia,   75
as nove filhas geradas do grande Zeus,
Glória, Aprazível, Festa, Cantarina,
Dançapraz, Saudosa, Muitacanção, Celeste
e Belavoz: essa é a superior entre todas.
Pois essa também a respeitados reis acompanha.   80
Quem quer que honrem as filhas do grande Zeus
e o veem ao nascer, um dos reis criados por Zeus,
para ele, sobre a língua, vertem doce orvalho,
e da boca dele fluem palavras amáveis; as gentes
todas o miram quando decide entre sentenças   85
com retos juízos: falando com segurança,
de pronto até disputa grande interrompe destramente;
por isso reis são sensatos, pois às gentes
prejudicadas completam na ágora ações reparatórias
fácil, induzindo com palavras macias;   90
ao se mover na praça, como um deus o propiciam
com respeito amável, e destaca-se na multidão.

Tal é a sacra dádiva das Musas aos homens.
Pois das Musas, vê, e de Apolo lança-de-longe
vêm os varão cantores sobre a terra e os citaredos,   95
e de Zeus, os reis: este é afortunado, quem as Musas
amam; doce é a voz que flui de sua boca.
Pois se alguém, com pesar no ânimo recém-afligido,
seca no coração, angustiado, mas um cantor,
assistente das Musas, glórias de homens de antanho   100
e deuses ditosos, que ocupam o Olimpo, cantar,

---

77 Glória,] *Klio.*   77 Aprazível,] *Euterpē.*   77 Festa,] *Thaleia.*   77
Cantarina,] *Melpomenē.*   78 Dançapraz,] *Terpsikhorē.*   78 Saudosa,]
Eratō.   78 Muitacanção,] *Polumnia.*   78 Celeste] *Ouraniē.*   79 Belavoz:]
Kalliopē.

αἶψ’ ὅ γε δυσφροσυνέων ἐπιλήθεται οὐδέ τι κηδέων
μέμνηται· ταχέως δὲ παρέτραπε δῶρα θεάων.

χαίρετε τέκνα Διός, δότε δ’ ἱμερόεσσαν ἀοιδήν·
105 κλείετε δ’ ἀθανάτων ἱερὸν γένος αἰὲν ἐόντων,
οἳ Γῆς ἐξεγένοντο καὶ Οὐρανοῦ ἀστερόεντος,
Νυκτός τε δνοφερῆς, οὕς θ’ ἁλμυρὸς ἔτρεφε Πόντος.
εἴπατε δ’ ὡς τὰ πρῶτα θεοὶ καὶ γαῖα γένοντο
καὶ ποταμοὶ καὶ πόντος ἀπείριτος οἴδματι θυίων
110 ἄστρά τε λαμπετόωντα καὶ οὐρανὸς εὐρὺς ὕπερθεν·
οἵ τ’ ἐκ τῶν ἐγένοντο, θεοὶ δωτῆρες ἐάων·
ὥς τ’ ἄφενος δάσσαντο καὶ ὡς τιμὰς διέλοντο,
ἠδὲ καὶ ὡς τὰ πρῶτα πολύπτυχον ἔσχον Ὄλυμπον.
ταῦτά μοι ἔσπετε Μοῦσαι Ὀλύμπια δώματ’ ἔχουσαι
115 ἐξ ἀρχῆς, καὶ εἴπαθ’, ὅτι πρῶτον γένετ’ αὐτῶν.

ἤτοι μὲν πρώτιστα Χάος γένετ’· αὐτὰρ ἔπειτα
Γαῖ’ εὐρύστερνος, πάντων ἕδος ἀσφαλὲς αἰεὶ
ἀθανάτων οἳ ἔχουσι κάρη νιφόεντος Ὀλύμπου
Τάρταρά τ’ ἠερόεντα μυχῷ χθονὸς εὐρυοδείης,
120 ἠδ’ Ἔρος, ὃς κάλλιστος ἐν ἀθανάτοισι θεοῖσι,
λυσιμελής, πάντων τε θεῶν πάντων τ’ ἀνθρώπων
δάμναται ἐν στήθεσσι νόον καὶ ἐπίφρονα βουλήν.

ἐκ Χάεος δ’ Ἔρεβός τε μέλαινά τε Νὺξ ἐγένοντο·
Νυκτὸς δ’ αὖτ’ Αἰθήρ τε καὶ Ἡμέρη ἐξεγένοντο,
125 οὓς τέκε κυσαμένη Ἐρέβει φιλότητι μιγεῖσα.

Γαῖα δέ τοι πρῶτον μὲν ἐγείνατο ἶσον ἑωυτῇ
Οὐρανὸν ἀστερόενθ’, ἵνα μιν περὶ πάντα καλύπτοι,

de pronto ele esquece as tristezas e de aflição alguma
se lembra: rápido as desviam os dons das deusas.

Felicidades, filhas de Zeus, e dai canto desejável;
glorificai a sacra linhagem dos imortais sempre vivos,   105
os que de Terra nasceram, do estrelado Céu
e da escura Noite, e esses que criou o salso Mar.
Dizei como no início os deuses e Terra nasceram,
os Rios e o Mar sem-fim, furioso nas ondas,
os Astros fulgentes e o amplo Céu acima,   110
e esses que deles nasceram, os deuses oferentes de bens;
como dividiram a abastança, repartiram as honrarias,
e também como no início ocuparam o Olimpo de muitos vales.
Disso me narrem, Musas que têm morada olímpia,
do princípio, e dizei qual deles primeiro nasceu.   115

Bem no início, Abismo nasceu; depois,
Terra largo-peito, de todos assento sempre firme,
dos imortais que possuem o pico do Olimpo nevado
e o Tártaro brumoso no recesso da terra largas-rotas,
e Eros, que é o mais belo entre os deuses imortais,   120
o solta-membros, e de todos os deuses e todos os homens
subjuga, no peito, mente e desígnio refletido.

De Abismo nasceram Escuridão e a negra Noite;
de Noite, então, Éter e Dia nasceram,
que gerou, grávida, após com Escuridão unir-se em amor.   125

Terra primeiro gerou, igual a ela,
o estrelado Céu, a fim de encobri-la por inteiro

---

107 Mar.] *Pontos.*   **116** Abismo] *Khaos*, segundo a interpretação mais
aceita, um vazio sem forma, e não uma matéria indistinta.   **117–120** Terra
… Eros] a leitura mais aceita é que Terra e Eros são divindades, e o Tártaro,
um espaço abaixo da superfície terrestre. Alguns optam pelo Tártaro, nesta
passagem, como uma divindade, colocando uma vírgula no final do verso 118.
123 Escuridão] *Erebos*, lugar escuro, amiúde associado ao Hades.

ὄφρ᾽ εἴη μακάρεσσι θεοῖς ἔδος ἀσφαλὲς αἰεί,
γείνατο δ᾽ οὔρεα μακρά, θεᾶν χαρίεντας ἐναύλους
130 Νυμφέων, αἳ ναίουσιν ἀν᾽ οὔρεα βησσήεντα,
ἠδὲ καὶ ἀτρύγετον πέλαγος τέκεν οἴδματι θυῖον,
Πόντον, ἄτερ φιλότητος ἐφιμέρου· αὐτὰρ ἔπειτα
Οὐρανῷ εὐνηθεῖσα τέκ᾽ Ὠκεανὸν βαθυδίνην
Κοῖόν τε Κρεῖόν θ᾽ Ὑπερίονά τ᾽ Ἰαπετόν τε
135 Θείαν τε Ῥείαν τε Θέμιν τε Μνημοσύνην τε
Φοίβην τε χρυσοστέφανον Τηθῦν τ᾽ ἐρατεινήν.
τοὺς δὲ μέθ᾽ ὁπλότατος γένετο Κρόνος ἀγκυλομήτης,
δεινότατος παίδων, θαλερὸν δ᾽ ἤχθηρε τοκῆα.

γείνατο δ᾽ αὖ Κύκλωπας ὑπέρβιον ἦτορ ἔχοντας,
140 Βρόντην τε Στερόπην τε καὶ Ἄργην ὀβριμόθυμον,
οἳ Ζηνὶ βροντήν τ᾽ ἔδοσαν τεῦξάν τε κεραυνόν.
οἱ δ᾽ ἤτοι τὰ μὲν ἄλλα θεοῖς ἐναλίγκιοι ἦσαν,
μοῦνος δ᾽ ὀφθαλμὸς μέσσῳ ἐνέκειτο μετώπῳ·
Κύκλωπες δ᾽ ὄνομ᾽ ἦσαν ἐπώνυμον, οὕνεκ᾽ ἄρά σφεων
145 κυκλοτερὴς ὀφθαλμὸς ἕεις ἐνέκειτο μετώπῳ·
ἰσχὺς δ᾽ ἠδὲ βίη καὶ μηχαναὶ ἦσαν ἐπ᾽ ἔργοις.

ἄλλοι δ᾽ αὖ Γαίης τε καὶ Οὐρανοῦ ἐξεγένοντο
τρεῖς παῖδες μεγάλοι <τε> καὶ ὄβριμοι, οὐκ ὀνομαστοί,
Κόττος τε Βριάρεώς τε Γύγης θ᾽, ὑπερήφανα τέκνα.
150 τῶν ἑκατὸν μὲν χεῖρες ἀπ᾽ ὤμων ἀΐσσοντο,
ἄπλαστοι, κεφαλαὶ δὲ ἑκάστῳ πεντήκοντα
ἐξ ὤμων ἐπέφυκον ἐπὶ στιβαροῖσι μέλεσσιν·
ἰσχὺς δ᾽ ἄπλητος κρατερὴ μεγάλῳ ἐπὶ εἴδει.

ὅσσοι γὰρ Γαίης τε καὶ Οὐρανοῦ ἐξεγένοντο,
155 δεινότατοι παίδων, σφετέρῳ δ᾽ ἤχθοντο τοκῆι

para ser, dos deuses venturosos, assento sempre firme;
gerou as enormes Montanhas, refúgios graciosos de deusas,
as Ninfas, que habitam montanhas matosas;   130
pariu também o ruidoso pélago, furioso nas ondas,
Mar, sem amor desejante; e então
deitou-se com Céu e pariu Oceano fundo-redemunho,
Coio, Creio, Hipérion, Jápeto,
Teia, Reia, Norma, Memória,   135
Febe coroa-dourada e a atraente Tetís.
Depois deles, o mais novo nasceu, Crono curva-astúcia,
o mais fero dos filhos; e odiou o viçoso pai.

Então gerou os Ciclopes, que têm brutal coração,
Trovão, Relâmpago e Clarão ânimo-ponderoso,   140
eles que o trovão deram a Zeus e fabricaram o raio.
Quanto a eles, de resto assemelhavam-se aos deuses,
mas um só olho no meio da fronte jazia;
Ciclopes eram seu nome epônimo, porque deles
circular o olho, um só, que na fronte jazia;   145
energia, força e engenho havia em seus feitos.

E outros então de Terra e Céu nasceram,
três filhos grandes e ponderosos, inomináveis,
Coto, Briareu e Giges, rebentos insolentes.
Cem braços de seus ombros se lançavam,   150
inabordáveis, e cabeças, em cada um, cinquenta
dos ombros nasceram sobre os membros robustos;
a energia imensa era brutal na grande figura.

Pois tantos quantos de Terra e Céu nasceram,
os mais feros dos filhos, por seu pai foram odiados   155

---

134 Hipérion,] na poesia grega arcaica, Hipérion sempre aparece em conexão
com o Sol. **140** Trovão,] *Brontē*. **140** Relâmpago] *Steropē*. **140** Clarão]
Argēs. **144–145** Ciclopes ... circular o olho] no grego, o jogo etimológico é
ainda mais saliente: *Kuklōpes* x *kukloterēs*.

ἐξ ἀρχῆς· καὶ τῶν μὲν ὅπως τις πρῶτα γένοιτο,
πάντας ἀποκρύπτασκε καὶ ἐς φάος οὐκ ἀνίεσκε
Γαίης ἐν κευθμῶνι, κακῷ δ᾽ ἐπετέρπετο ἔργῳ,
Οὐρανός· ἡ δ᾽ ἐντὸς στοναχίζετο Γαῖα πελώρη
160 στεινομένη, δολίην δὲ κακὴν ἐπεφράσσατο τέχνην.
αἶψα δὲ ποιήσασα γένος πολιοῦ ἀδάμαντος
τεῦξε μέγα δρέπανον καὶ ἐπέφραδε παισὶ φίλοισιν·

εἶπε δὲ θαρσύνουσα, φίλον τετιημένη ἦτορ·
''παῖδες ἐμοὶ καὶ πατρὸς ἀτασθάλου, αἴ κ᾽ ἐθέλητε
165 πείθεσθαι· πατρός κε κακὴν τεισαίμεθα λώβην
ὑμετέρου· πρότερος γὰρ ἀεικέα μήσατο ἔργα.''

ὣς φάτο· τοὺς δ᾽ ἄρα πάντας ἕλεν δέος, οὐδέ τις αὐτῶν
φθέγξατο. θαρσήσας δὲ μέγας Κρόνος ἀγκυλομήτης
αἶψ᾽ αὖτις μύθοισι προσηύδα μητέρα κεδνήν·
170 ''μῆτερ, ἐγώ κεν τοῦτό γ᾽ ὑποσχόμενος τελέσαιμι
ἔργον, ἐπεὶ πατρός γε δυσωνύμου οὐκ ἀλεγίζω
ἡμετέρου· πρότερος γὰρ ἀεικέα μήσατο ἔργα.''

ὣς φάτο· γήθησεν δὲ μέγα φρεσὶ Γαῖα πελώρη·
εἶσε δέ μιν κρύψασα λόχῳ, ἐνέθηκε δὲ χερσὶν
175 ἅρπην καρχαρόδοντα, δόλον δ᾽ ὑπεθήκατο πάντα.
ἦλθε δὲ νύκτ᾽ ἐπάγων μέγας Οὐρανός, ἀμφὶ δὲ Γαίη
ἱμείρων φιλότητος ἐπέσχετο, καί ῥ᾽ ἐτανύσθη
πάντῃ· ὁ δ᾽ ἐκ λοχέοιο πάις ὠρέξατο χειρὶ
σκαιῇ, δεξιτερῇ δὲ πελώριον ἔλλαβεν ἅρπην,
180 μακρὴν καρχαρόδοντα, φίλου δ᾽ ἀπὸ μήδεα πατρὸς
ἐσσυμένως ἤμησε, πάλιν δ᾽ ἔρριψε φέρεσθαι
ἐξοπίσω. τὰ μὲν οὔ τι ἐτώσια ἔκφυγε χειρός·
ὅσσαι γὰρ ῥαθάμιγγες ἀπέσσυθεν αἱματόεσσαι,
πάσας δέξατο Γαῖα· περιπλομένων δ᾽ ἐνιαυτῶν
185 γείνατ᾽ Ἐρινῦς τε κρατερὰς μεγάλους τε Γίγαντας,
τεύχεσι λαμπομένους, δολίχ᾽ ἔγχεα χερσὶν ἔχοντας,

desde o princípio: assim que nascesse um deles,
a todos ocultava, não os deixava à luz subir,
no recesso de Terra, e com o feito vil se regozijava
Céu; ela dentro gemia, a portentosa Terra,
constrita, e planejou ardiloso, nocivo estratagema.   160
De pronto criou a espécie do cinzento adamanto,
fabricou grande foice e mostrou-a aos caros filhos.

    Atiçando-os, disse, agastada no caro coração:
"Filhos meus e de pai iníquo, caso quiserdes,
obedecei: nos vingaríamos da vil ofensa do pai   165
vosso, o primeiro a armar feitos ultrajantes".

    Assim falou; e o medo pegou a todos, e nenhum deles
falou. Com audácia, o grande Crono curva-astúcia
de pronto com um discurso respondeu à mãe devotada:
"Mãe, isso sob promessa eu cumpriria,   170
o feito, pois desconsidero o inominável pai
nosso, o primeiro a armar feitos ultrajantes".

    Assim falou; muito alegrou-se no juízo a portentosa Terra.
Escondeu-o numa tocaia, colocou em suas mãos
a foice serridêntea e instruiu-o em todo o ardil.   175
Veio, trazendo a noite, o grande Céu, e em torno de Terra
estendeu-se, desejoso de amor, e estirou-se em toda
direção. O outro, o filho, da tocaia a mão esticou,
a esquerda, e com a direita pegou a foice portentosa,
grande, serridêntea, os genitais do caro pai   180
com avidez ceifou e lançou para trás, que fossem
embora. Mas, ao escapar da mão, não ficaram sem efeito:
tantas gotas de sangue quantas escapuliram,
Terra a todas recebeu; após os anos volverem-se,
gerou as Erínias brutais e os grandes Gigantes,   185
luzidios em armas, com longas lanças nas mãos,

Νύμφας θ' ἃς Μελίας καλέουσ' ἐπ' ἀπείρονα γαῖαν.
μήδεα δ' ὡς τὸ πρῶτον ἀποτμήξας ἀδάμαντι
κάββαλ' ἀπ' ἠπείροιο πολυκλύστῳ ἐνὶ πόντῳ,
190 ὣς φέρετ' ἂμ πέλαγος πουλὺν χρόνον, ἀμφὶ δὲ λευκὸς
ἀφρὸς ἀπ' ἀθανάτου χροὸς ὤρνυτο· τῷ δ' ἔνι κούρη
ἐθρέφθη· πρῶτον δὲ Κυθήροισι ζαθέοισιν
ἔπλητ', ἔνθεν ἔπειτα περίρρυτον ἵκετο Κύπρον.
ἐκ δ' ἔβη αἰδοίη καλὴ θεός, ἀμφὶ δὲ ποίη
195 ποσσὶν ὕπο ῥαδινοῖσιν ἀέξετο· τὴν δ' Ἀφροδίτην
ἀφρογενέα τε θεὰν καὶ ἐυστέφανον Κυθέρειαν
κικλήσκουσι θεοί τε καὶ ἀνέρες, οὕνεκ' ἐν ἀφρῷ
θρέφθη· ἀτὰρ Κυθέρειαν, ὅτι προσέκυρσε Κυθήροις·
Κυπρογενέα δ', ὅτι γέντο περικλύστῳ ἐνὶ Κύπρῳ·
200 ἠδὲ φιλομμειδέα, ὅτι μηδέων ἐξεφαάνθη.
τῇ δ' Ἔρος ὡμάρτησε καὶ Ἵμερος ἕσπετο καλὸς
γεινομένῃ τὰ πρῶτα θεῶν τ' ἐς φῦλον ἰούσῃ·
ταύτην δ' ἐξ ἀρχῆς τιμὴν ἔχει ἠδὲ λέλογχε
μοῖραν ἐν ἀνθρώποισι καὶ ἀθανάτοισι θεοῖσι,
205 παρθενίους τ' ὀάρους μειδήματά τ' ἐξαπάτας τε
τέρψίν τε γλυκερὴν φιλότητά τε μειλιχίην τε.

      τοὺς δὲ πατὴρ Τιτῆνας ἐπίκλησιν καλέεσκε
παῖδας νεικείων μέγας Οὐρανός, οὓς τέκεν αὐτός·
φάσκε δὲ τιταίνοντας ἀτασθαλίῃ μέγα ῥέξαι
210 ἔργον, τοῖο δ' ἔπειτα τίσιν μετόπισθεν ἔσεσθαι.

      Νὺξ δ' ἔτεκε στυγερόν τε Μόρον καὶ Κῆρα μέλαιναν

e as Ninfas que chamam Mélias na terra sem-fim.
Os genitais, quando primeiro os cortou com adamanto,
lançou-os para baixo, da costa ao mar encapelado,
levou-os o pélago muito tempo, e em volta, branca   190
espuma lançou-se da carne imortal; e nela moça
foi criada: primeiro da numinosa Citera achegou-se,
e então de lá atingiu o oceânico Chipre.
E saiu a respeitada, bela deusa, e grama em volta
crescia sob os pés esbeltos: a ela Afrodite   195
espumogênita e Citereia bela-coroa
chamam deuses e varões, porque na espuma
foi criada; Citereia, pois alcançou Citera;
cipriogênita, pois nasceu em Chipre cercado-de-mar;
e ama-sorriso, pois da genitália surgiu.   200
Eros acompanhou-a e Desejo a seguiu, belo,
quando ela nasceu e dirigiu-se à tribo dos deuses.
Tem esta honra desde o início e granjeou
quinhão entre homens e deuses imortais,
flertes de meninas, sorrisos e farsas,   205
delicioso prazer, amor e afeto.

  Àqueles o pai chamava, por apelido, Titãs,
o grande Céu brigando com filhos que ele mesmo gerou;
dizia que, iníquos, se esticaram para efetuar enorme
feito, pelo qual haveria vingança depois no futuro.   210

  E Noite pariu a medonha Sina, Perdição negra

187 Mélias] ninfas ligadas a árvores. 192 Citera] em Citera, ilha na ponta
sudoeste do Peloponeso, ficava um templo de Afrodite. 193 Chipre.] é em
Chipre que os gregos costumavam representar a origem de Afrodite; lá ficavam
seus centros cultuais mais importantes. 197 espuma] jogo etimológico en-
tre *Aphrodite* e *aphros*, "espuma". 200 ama-sorriso, pois da genitália surgiu.]
jogo etimológico entre *philommeidēs*, "ama-sorriso", e *mēdea*, "genitália mas-
culina", homófono de um termo que significa "planos ardilosos", cujo radical
é o mesmo do verbo "armar", do v. 166. 207–210 Titãs ... vingança] jogo
etimológico entre *Titēnas*, "Titãs", *titainontas*, de *titainein*, "estender, esticar", e
tisis, "vingança". 211 Sina,] *Moros*. 211 Perdição] *Kēr*.

καὶ Θάνατον, τέκε δ᾽ Ὕπνον, ἔτικτε δὲ φῦλον Ὀνείρων.
οὔ τινι κοιμηθεῖσα θεῶν τέκε Νὺξ ἐρεβεννή.
δεύτερον αὖ Μῶμον καὶ Ὀιζὺν ἀλγινόεσσαν
215 Ἑσπερίδας θ᾽, αἷς μῆλα πέρην κλυτοῦ Ὠκεανοῖο
χρύσεα καλὰ μέλουσι φέροντά τε δένδρεα καρπόν·
καὶ Μοίρας καὶ Κῆρας ἐγείνατο νηλεοποίνους,
[Κλωθώ τε Λάχεσίν τε καὶ Ἄτροπον, αἵ τε βροτοῖσι
γεινομένοισι διδοῦσιν ἔχειν ἀγαθόν τε κακόν τε,]
220 αἵ τ᾽ ἀνδρῶν τε θεῶν τε παραιβασίας ἐφέπουσιν,
οὐδέ ποτε λήγουσι θεαὶ δεινοῖο χόλοιο,
πρίν γ᾽ ἀπὸ τῷ δώωσι κακὴν ὄπιν, ὅστις ἁμάρτῃ.
τίκτε δὲ καὶ Νέμεσιν πῆμα θνητοῖσι βροτοῖσι
Νὺξ ὀλοή· μετὰ τὴν δ᾽ Ἀπάτην τέκε καὶ Φιλότητα
225 Γῆράς τ᾽ οὐλόμενον, καὶ Ἔριν τέκε καρτερόθυμον.

αὐτὰρ Ἔρις στυγερὴ τέκε μὲν Πόνον ἀλγινόεντα
Λήθην τε Λιμόν τε καὶ Ἄλγεα δακρυόεντα
Ὑσμίνας τε Μάχας τε Φόνους τ᾽ Ἀνδροκτασίας τε
Νείκεά τε Ψεύδεά τε Λόγους τ᾽ Ἀμφιλλογίας τε
230 Δυσνομίην τ᾽ Ἄτην τε, συνήθεας ἀλλήλῃσιν,
Ὅρκόν θ᾽, ὃς δὴ πλεῖστον ἐπιχθονίους ἀνθρώπους
πημαίνει, ὅτε κέν τις ἑκὼν ἐπίορκον ὀμόσσῃ·

Νηρέα δ᾽ ἀψευδέα καὶ ἀληθέα γείνατο Πόντος
πρεσβύτατον παίδων· αὐτὰρ καλέουσι γέροντα,

e Morte, e pariu Sono, e pariu a tribo de Sonhos;
sem se deitar com um deus, pariu a escura Noite.
Em seguida, Pecha e aflitiva Agonia,
e Hespérides, que, para lá do glorioso Oceano, de belas   215
maçãs de ouro cuidam e das árvores que trazem o fruto;
e gerou as Moiras e Perdições castigo-implacável,
Fiandeira, Sorteadora e Inflexível, elas que aos mortais,
ao nascerem, lhes concedem bem e mal como seus,
e elas que alcançam transgressões de homens e deuses   220
e nunca desistem, as deusas, da raiva assombrosa
até retribuir com maligna punição àquele que errar.
Também pariu Indignação, desgraça aos humanos mortais,
a ruinosa Noite; depois pariu Farsa e Amor
e a destrutiva Velhice, e pariu Briga ânimo-potente.   225

    E a odiosa Briga pariu o aflitivo Labor,
Esquecimento, Fome, Aflições lacrimosas,
Batalhas, Combates, Matanças, Carnificinas,
Disputas, Embustes, Contos, Contendas,
Má-Norma e Desastre, vizinhas recíprocas,   230
e Jura, ela que demais aos homens mortais
desgraça se alguém, de bom grado, perjura.

    A Nereu, probo e verdadeiro, gerou Mar,
ao mais velho dos filhos: chamam-no "ancião"

---

212 Morte,] *Thanatos.* 212 Sono,] *Hupnos.* 212 Sonhos;] *Oneiros.*
213 escura Noite.] "escura", *erebennē*, parece remeter à Escuridão, *Erebos*,
parceiro sexual de Noite no início da cosmogonia. 214 Pecha] *Momos.* 214
Agonia,] *Oizus.* 217 Moiras] Destino, Quinhão. 218 Fiandeira,] *Klotō.*
218 Sorteadora] *Lakhesis.* 218 Inflexível,] *Atropos.* 218–222 Fiandeira
... errar] a maioria dos críticos considera os versos 218–19 (905–6) como
interpolados. Preferi considerar que 218–19 referem-se às Moiras, e 220–22 às
Perdições. 223 Indignação,] *Nemesis.* 224 Farsa] *Apatē.* 224 Amor]
Philotēs. 225 Velhice,] *Geras.* 225 Briga] *Eris.* 226 Labor,] *Ponos.*
227 Esquecimento,] *Lēthē.* 227 Fome,] *Limos.* 227 Aflições] *Algos.*
228 Batalhas,] *Husminē.* 228 Combates,] *Makhē.* 228 Matanças,]
Phonos. 228 Carnificinas,] *Androktasia.* 229 Disputas,] *Neikos.* 229
Embustes,] *Pseudos.* 229 Contos,] *Logos.* 229 Contendas,] *Amphillogia.*
230 Má-Norma] *Dusnomia.* 230 Desastre,] *Atē.* 231 Jura,] *Horkos.*

235 οὕνεκα νημερτής τε καὶ ἤπιος, οὐδὲ θεμίστων
    λήθεται, ἀλλὰ δίκαια καὶ ἤπια δήνεα οἶδεν·
    αὖτις δ᾽ αὖ Θαύμαντα μέγαν καὶ ἀγήνορα Φόρκυν
    Γαίῃ μισγόμενος καὶ Κητὼ καλλιπάρῃον
    Εὐρυβίην τ᾽ ἀδάμαντος ἐνὶ φρεσὶ θυμὸν ἔχουσαν.
240 Νηρῆος δ᾽ ἐγένοντο μεγήριτα τέκνα θεάων
    πόντῳ ἐν ἀτρυγέτῳ καὶ Δωρίδος ἠυκόμοιο,
    κούρης Ὠκεανοῖο τελήεντος ποταμοῖο,
    Πρωθώ τ᾽ Εὐκράντη τε Σαώ τ᾽ Ἀμφιτρίτη τε
    Εὐδώρη τε Θέτις τε Γαλήνη τε Γλαύκη τε,
245 Κυμοθόη Σπειώ τε θοὴ Θαλίη τ᾽ ἐρόεσσα
    Πασιθέη τ᾽ Ἐρατώ τε καὶ Εὐνίκη ῥοδόπηχυς
    καὶ Μελίτη χαρίεσσα καὶ Εὐλιμένη καὶ Ἀγαυὴ
    Δωτώ τε Πρωτώ τε Φέρουσά τε Δυναμένη τε
    Νησαίη τε καὶ Ἀκταίη καὶ Πρωτομέδεια,
250 Δωρὶς καὶ Πανόπη καὶ εὐειδὴς Γαλάτεια
    Ἱπποθόη τ᾽ ἐρόεσσα καὶ Ἱππονόη ῥοδόπηχυς
    Κυμοδόκη θ᾽, ἣ κύματ᾽ ἐν ἠεροειδέι πόντῳ
    πνοιάς τε ζαέων ἀνέμων σὺν Κυματολήγῃ
    ῥεῖα πρηΰνει καὶ ἐυσφύρῳ Ἀμφιτρίτῃ,
255 Κυμώ τ᾽ Ἠιόνη τε ἐυστέφανός θ᾽ Ἁλιμήδη

porque é veraz e gentil e das regras   235
não se esquece, mas planos justos e gentis conhece;
e então ao grande Taumas e ao orgulhoso Fórcis,
a Terra unido, e a Cetó bela-face
e Amplaforça com ânimo de adamanto no íntimo.
E de Nereu nasceram numerosas filhas de deusas,   240
no mar ruidoso, com Dóris belas-tranças,
filha do circular rio Oceano:
Propele, Completriz, Salva, Anfitrite,
Tétis, Dadivosa, Calmaria, Azúlis,
Ondacélere, a veloz Gruta, a desejável Festa,   245
Admiradíssima, Saudosa, Belarrixa braço-róseo,
a graciosa Amelada, Enseada, Resplende,
Doadora, Inicia, Levadora, Poderosa,
Ilhoa, Costeira, Primazia,
Dóris, Tudovê, a benfeita Galateia,   250
a desejável Hipocorre, Hipomente braço-róseo,
Seguronda, que ondas no mar embaciado
e rajadas de ventos bravios com Cessonda
e Anfitrite de belo tornozelo fácil apazigua,
Ondina, Praiana, Mandamar bela-coroa,   255

---

239 Amplaforça] *Eurubiē.*   241 Dóris] o seu nome também remete à raiz
verbal de "dar", elemento presente em algumas de suas filhas.   243 Propele,]
Prothō.   243 Completriz,] *Eukrantē.*   243 Salva,] *Saō.*   244 Dadivosa,]
Eudōrē.   244 Calmaria,] *Galēnē.*   244 Azúlis,] *Glaukē.* 245 Ondacélere,]
Kumothoē.   245 Gruta,] *Speiē.*   245 Festa,] *Thalia.* Alguns críticos, como
Mazon e Ricciardelli, defendem, para a segunda metade do verso, "... Gruta,
Veloz e a desejável *Marinha*".   246 Admiradíssima,] *Pasiteē.* 246 Saudosa,]
Eratō.   246 Belarrixa] *Eunikē.*   247 Amelada,] *Melitē.*   247 Enseada,]
Eulimenē.   247 Resplende,] *Agauē.* 248 Doadora,] *Dōtō.*   248 Inicia,]
Prōtō.   248 Levadora,] *Pherousa.*   248 Poderosa,] *Dunamenē.*   249
Ilhoa,] *Nēsaiē.*   249 Costeira,] *Aktaiē.*   249 Primazia,] *Prōtomedeia.*
250 Tudovê,] *Panopē.*   251 Hipocorre,] *Hippotoē.*   251 Hipomente]
Hipponoē.   252 Seguronda,] *Kumodokē.*   253 Cessonda] *Kumatolēgē.*
255 Ondina,] *Kumō.*   255 Praiana,] *Eionō.*   255 Mandamar] *Halimēdē.*

Γλαυκονόμη τε φιλομμειδὴς καὶ Ποντοπόρεια
Λειαγόρη τε καὶ Εὐαγόρη καὶ Λαομέδεια
Πουλυνόη τε καὶ Αὐτονόη καὶ Λυσιάνασσα
Εὐάρνη τε φυὴν ἐρατὴ καὶ εἶδος ἄμωμος
260 καὶ Ψαμάθη χαρίεσσα δέμας δίη τε Μενίππη
Νησώ τ᾽ Εὐπόμπη τε Θεμιστώ τε Προνόη τε
Νημερτής θ᾽, ἣ πατρὸς ἔχει νόον ἀθανάτοιο.
αὗται μὲν Νηρῆος ἀμύμονος ἐξεγένοντο
κοῦραι πεντήκοντα, ἀμύμονα ἔργ᾽ εἰδυῖαι·

265   Θαῦμας δ᾽ Ὠκεανοῖο βαθυρρείταο θύγατρα
ἠγάγετ᾽ Ἠλέκτρην· ἡ δ᾽ ὠκεῖαν τέκεν Ἶριν
ἠυκόμους θ᾽ Ἁρπυίας, Ἀελλώ τ᾽ Ὠκυπέτην τε,
αἵ ῥ᾽ ἀνέμων πνοιῇσι καὶ οἰωνοῖς ἅμ᾽ ἕπονται
ὠκείῃς πτερύγεσσι· μεταχρόνιαι γὰρ ἴαλλον.

270   Φόρκυι δ᾽ αὖ Κητὼ γραίας τέκε καλλιπαρῄους
ἐκ γενετῆς πολιάς, τὰς δὴ Γραίας καλέουσιν
ἀθάνατοί τε θεοὶ χαμαὶ ἐρχόμενοί τ᾽ ἄνθρωποι,
Πεμφρηδώ τ᾽ εὔπεπλον Ἐννώ τε κροκόπεπλον,
Γοργοῦς θ᾽, αἳ ναίουσι πέρην κλυτοῦ Ὠκεανοῖο
275 ἐσχατιῇ πρὸς νυκτός, ἵν᾽ Ἑσπερίδες λιγύφωνοι,
Σθεννώ τ᾽ Εὐρυάλη τε Μέδουσά τε λυγρὰ παθοῦσα·
ἡ μὲν ἔην θνητή, αἱ δ᾽ ἀθάνατοι καὶ ἀγήρῳ,
αἱ δύο· τῇ δὲ μιῇ παρελέξατο Κυανοχαίτης
ἐν μαλακῷ λειμῶνι καὶ ἄνθεσιν εἰαρινοῖσι.
280 τῆς ὅτε δὴ Περσεὺς κεφαλὴν ἀπεδειροτόμησεν,
ἐξέθορε Χρυσάωρ τε μέγας καὶ Πήγασος ἵππος.

Partilhazúlis ama-sorriso, Viajamar,
Juntapovo, Juntabem, Cuidapovo,
Espirituosa, Cônscia, Compensadora,
Rebanhosa, desejável no físico, impecável na forma,
Areiana, graciosa de corpo, a divina Forcequina,   260
Ilheia, Benconduz, Normativa, Previdente
e Veraz, que tem o espírito do pai imortal.
Essas nasceram do impecável Nereu,
cinquenta filhas, peritas em impecáveis trabalhos.

E Taumas a filha de Oceano funda-corrente   265
desposou, Brilhante; e ela pariu Íris veloz
e as Hárpias belas-tranças, Tempesta e Voaveloz,
que, com rajadas de ventos e aves, junto seguem
com asas velozes, pois disparam, altaneiras.

E Cetó pariu para Fórcis velhas bela-face,   270
grisalhas de nascença, que chamam Velhas
os deuses imortais e homens que andam na terra,
Penfredó belo-peplo, Enió peplo-açafrão
e as Górgonas, que habitam para lá do glorioso Oceano
no limite, rumo à noite, onde estão as Hespérides clara-voz —   275
Estenó, Euríale e Medusa, que sofreu o funesto:
esta era mortal, as outras, imortais e sem velhice,
as duas; e só junto a ela deitou-se Juba-Cobalto
num prado macio com flores primaveris.
Dela, quando Perseu a cabeça cortou do pescoço,   280
p'ra fora pularam o grande Espadouro e o cavalo Pégaso.

256 Partilhazúlis] *Glaukonomē*. 256 Viajamar,] *Pontoporeia*. 257 Junta-
povo,] *Leiagorē*. 257 Juntabem,] *Euagorē*. 257 Cuidapovo,] *Laomedeia*.
258 Espirituosa,] *Poulunoē*. 258 Cônscia,] *Autonoē*. 258 Compensa-
dora,] *Lusianassa*. 259 Rebanhosa,] *Euarnē*. 260 Areiana,] *Psamathē*.
260 Forcequina,] *Menippē*. 261 Ilheia,] *Nēsō*. 261 Benconduz,] *Eu-
pompē*. 261 Normativa,] *Themistō*. 261 Previdente] *Pronoē*. 262
Veraz,] *Nēmertēs*. 266 Brilhante;] *Elektrē*. 267 Tempesta] *Aellō*. 267
Voaveloz,] *Okupetēs*. 271 Velhas] *Graiai*. 278 Juba-Cobalto] é Posêi-
don. 281 Espadouro] *Khrusaōr*.

τῷ μὲν ἐπώνυμον ἦν, ὅτ᾽ ἄρ᾽ Ὠκεανοῦ παρὰ πηγὰς
γένθ᾽, ὁ δ᾽ ἄορ χρύσειον ἔχων μετὰ χερσὶ φίλῃσι.
χὠ μὲν ἀποπτάμενος, προλιπὼν χθόνα μητέρα μήλων,
285 ἵκετ᾽ ἐς ἀθανάτους· Ζηνὸς δ᾽ ἐν δώμασι ναίει
βροντήν τε στεροπήν τε φέρων Διὶ μητιόεντι·
Χρυσάωρ δ᾽ ἔτεκε τρικέφαλον Γηρυονῆα
μιχθεὶς Καλλιρόῃ κούρῃ κλυτοῦ Ὠκεανοῖο·
τὸν μὲν ἄρ᾽ ἐξενάριξε βίη Ἡρακληείη
290 βουσὶ πάρ᾽ εἰλιπόδεσσι περιρρύτῳ εἰν Ἐρυθείῃ
ἤματι τῷ, ὅτε περ βοῦς ἤλασεν εὐρυμετώπους
Τίρυνθ᾽ εἰς ἱερήν, διαβὰς πόρον Ὠκεανοῖο,
Ὄρθόν τε κτείνας καὶ βουκόλον Εὐρυτίωνα
σταθμῷ ἐν ἠερόεντι πέρην κλυτοῦ Ὠκεανοῖο.

295   ἡ δ᾽ ἔτεκ᾽ ἄλλο πέλωρον ἀμήχανον, οὐδὲν ἐοικὸς
θνητοῖς ἀνθρώποις οὐδ᾽ ἀθανάτοισι θεοῖσι,
σπῆι ἔνι γλαφυρῷ, θείην κρατερόφρον᾽ Ἔχιδναν,
ἥμισυ μὲν νύμφην ἑλικώπιδα καλλιπάρῃον,
ἥμισυ δ᾽ αὖτε πέλωρον ὄφιν δεινόν τε μέγαν τε
300 αἰόλον ὠμηστήν, ζαθέης ὑπὸ κεύθεσι γαίης.
ἔνθα δέ οἱ σπέος ἐστὶ κάτω κοίλῃ ὑπὸ πέτρῃ
τηλοῦ ἀπ᾽ ἀθανάτων τε θεῶν θνητῶν τ᾽ ἀνθρώπων,
ἔνθ᾽ ἄρα οἱ δάσσαντο θεοὶ κλυτὰ δώματα ναίειν.

         ἡ δ᾽ ἔρυτ᾽ εἰν Ἀρίμοισιν ὑπὸ χθόνα λυγρὴ Ἔχιδνα,
305 ἀθάνατος νύμφη καὶ ἀγήραος ἤματα πάντα.
τῇ δὲ Τυφάονά φασι μιγήμεναι ἐν φιλότητι
δεινόν θ᾽ ὑβριστήν τ᾽ ἄνομόν θ᾽ ἑλικώπιδι κούρῃ·
ἡ δ᾽ ὑποκυσαμένη τέκετο κρατερόφρονα τέκνα.
Ὄρθον μὲν πρῶτον κύνα γείνατο Γηρυονῆι·
310 δεύτερον αὖτις ἔτικτεν ἀμήχανον, οὔ τι φατειόν,

Ele tinha esse epônimo pois pegado às fontes de Oceano
nasceu, e aquele, com espada de ouro nas caras mãos.
Pégaso alçou voo, após deixar a terra, mãe de ovelhas,
e dirigiu-se aos imortais; a casa de Zeus habita   285
e leva trovão e raio ao astucioso Zeus.
E Espadouro gerou Gerioneu três-cabeças,
unido a Bonflux, filha do famoso Oceano:
eis que a esse matou a força de Héracles,
junto a bois passo-arrastado na oceânica Eriteia   290
naquele dia em que tangeu os bois fronte-larga
até a sacra Tirinto, após cruzar o estreito de Oceano
e ter matado Orto e o pastor Euritíon
na quinta brumosa p'ra lá do famoso Oceano.

Ela gerou outro ser portentoso, impossível, nem parecido 295
com homens mortais nem com deuses imortais,
em cava gruta, a divina Équidna juízo-forte,
metade moça olhar-luzente, bela-face,
metade serpente portentosa, terrível e grande,
dardejante come-cru, sob os confins da numinosa terra.   300
Lá fica sua caverna, para baixo, sob cava pedra,
longe de deuses imortais e homens mortais,
onde os deuses lhe atribuíram casa gloriosa p'ra morar.

Ela fica nos Arimos sob a terra, a funesta Équidna,
moça imortal e sem velhice para todos os dias.   305
Com ela, dizem, Tifeu uniu-se em amor,
o violento, terrível e ímpio com a moça olhar-luzente;
ela, após engravidar, gerou rebentos juízo-forte.
Orto primeiro ela gerou, um cão para Gerioneu;
depois pariu o impossível, de todo impronunciável,   310

---

282 fontes] o nome é ligado a *pēgas*, "fontes".   **289** a força de Héracles,]
o vigor de Héracles, v. 951.   **304** Arimos] não se sabe o que são, cadeia de
montanhas? Povo?, nem onde ficavam.

Κέρβερον ὠμηστήν, Ἀίδεω κύνα χαλκεόφωνον,
πεντηκοντακέφαλον, ἀναιδέα τε κρατερόν τε·
τὸ τρίτον Ὕδρην αὖτις ἐγείνατο λύγρ' εἰδυῖαν
Λερναίην, ἣν θρέψε θεὰ λευκώλενος Ἥρη
315 ἄπλητον κοτέουσα βίῃ Ἡρακληείῃ.
καὶ τὴν μὲν Διὸς υἱὸς ἐνήρατο νηλέι χαλκῷ
Ἀμφιτρυωνιάδης σὺν ἀρηιφίλῳ Ἰολάῳ
Ἡρακλέης βουλῇσιν Ἀθηναίης ἀγελείης·
ἡ δὲ Χίμαιραν ἔτικτε πνέουσαν ἀμαιμάκετον πῦρ,
320 δεινήν τε μεγάλην τε ποδώκεά τε κρατερήν τε.
τῆς ἦν τρεῖς κεφαλαί· μία μὲν χαροποῖο λέοντος,
ἡ δὲ χιμαίρης, ἡ δ' ὄφιος κρατεροῖο δράκοντος.
πρόσθε λέων, ὄπιθεν δὲ δράκων, μέσση δὲ χίμαιρα,
δεινὸν ἀποπνείουσα πυρὸς μένος αἰθομένοιο.
325 τὴν μὲν Πήγασος εἷλε καὶ ἐσθλὸς Βελλεροφόντης.
ἡ δ' ἄρα Φῖκ' ὀλοὴν τέκε Καδμείοισιν ὄλεθρον,
Ὄρθῳ ὑποδμηθεῖσα, Νεμειαῖόν τε λέοντα,
τόν ῥ' Ἥρη θρέψασα Διὸς κυδρὴ παράκοιτις
γουνοῖσιν κατένασσε Νεμείης, πῆμ' ἀνθρώποις.
330 ἔνθ' ἄρ' ὅ γ' οἰκείων ἐλεφαίρετο φῦλ' ἀνθρώπων,
κοιρανέων Τρητοῖο Νεμείης ἠδ' Ἀπέσαντος·
ἀλλά ἑ ἲς ἐδάμασσε βίης Ἡρακληείης.

  Κητὼ δ' ὁπλότατον Φόρκυι φιλότητι μιγεῖσα
γείνατο δεινὸν ὄφιν, ὃς ἐρεμνῆς κεύθεσι γαίης
335 πείρασιν ἐν μεγάλοις παγχρύσεα μῆλα φυλάσσει.

  τοῦτο μὲν ἐκ Κητοῦς καὶ Φόρκυνος γένος ἐστί.
Τηθὺς δ' Ὠκεανῷ ποταμοὺς τέκε δινήεντας,
Νεῖλόν τ' Ἀλφειόν τε καὶ Ἠριδανὸν βαθυδίνην,

Cérbero come-cru, o cão bronzissonante de Hades,
cinquenta-cabeças, insolente e brutal;
como terceiro, gerou Hidra, versada no funesto,
de Lerna, a quem nutriu a divina Hera alvo-braço,
com imenso rancor da força de Héracles.   315
A ela matou o filho de Zeus com bronze impiedoso,
o filho de Anfitríon, com Iolau caro-a-Ares —
Héracles — pelos desígnios de Atena guia-tropa.
E ela pariu Quimera, que fogo indômito soprava,
terrível, grande, pé-ligeiro, brutal.   320
Tinha três cabeças: uma, de leão olhar-cobiçoso,
outra, de cabra, a terceira, de cobra, brutal serpente.
Na frente, leão, atrás, serpente, no meio, cabra,
soprando o fero ímpeto do fogo chamejante.
A ela pegaram Pégaso e o valoroso Belerofonte.   325
E ela pariu a ruinosa Esfinge, ruína dos cadmeus,
após ser subjugada por Orto, e o leão de Nemeia,
do qual Hera cuidou, a majestosa consorte de Zeus,
e o alocou nos morros de Nemeia, desgraça dos homens.
Ele, lá habitando, encurralava a linhagem de homens,   330
dominando Tretos, na Nemeia, e Apesas;
mas a ele subjugou o vigor da força de Héracles.

        Cetó, unida em amor a Fórcis, como o mais jovem
gerou terrível serpente, que nos confins da terra lúgubre,
nos grandes limites, guarda um rebanho todo de ouro.   335

        E essa é a linhagem de Ceto e Fórcis.
E Tetís para Oceano pariu rios vertiginosos,
Nilo, Alfeios e Eridanos fundo-redemunho,

---

319 E ela] não fica claro quem é "ela", Cetó, Hidra ou Équidna. "Quimera",
em grego, é "cabra".   323–324 Na frente … chamejante] como esses versos
repetem dois versos da *Ilíada* e estão, ou parecem estar, em contradição com
os dois versos anteriores, são deletados por diversos editores.   326 E ela]
não fica claro quem é "ela", Cetó, Quimera ou Équidna.

Στρυμόνα Μαίανδρόν τε καὶ Ἴστρον καλλιρέεθρον
340 Φᾶσίν τε Ῥῆσόν τ᾽ Ἀχελῷόν τ᾽ ἀργυροδίνην
Νέσσόν τε Ῥοδίον θ᾽ Ἁλιάκμονά θ᾽ Ἑπτάπορόν τε
Γρήνικόν τε καὶ Αἴσηπον θεῖόν τε Σιμοῦντα
Πηνειόν τε καὶ Ἕρμον ἐυρρείτην τε Κάικον
Σαγγάριόν τε μέγαν Λάδωνά τε Παρθένιόν τε
345 Εὔηνόν τε καὶ Ἀλδῆσκον θεῖόν τε Σκάμανδρον·
τίκτε δὲ θυγατέρων ἱερὸν γένος, αἳ κατὰ γαῖαν
ἄνδρας κουρίζουσι σὺν Ἀπόλλωνι ἄνακτι
καὶ ποταμοῖς, ταύτην δὲ Διὸς πάρα μοῖραν ἔχουσι,
Πειθώ τ᾽ Ἀδμήτη τε Ἰάνθη τ᾽ Ἠλέκτρη τε
350 Δωρίς τε Πρυμνώ τε καὶ Οὐρανίη θεοειδὴς
Ἱππώ τε Κλυμένη τε Ῥόδειά τε Καλλιρόη τε
Ζευξώ τε Κλυτίη τε Ἰδυῖά τε Πασιθόη τε
Πληξαύρη τε Γαλαξαύρη τ᾽ ἐρατή τε Διώνη
Μηλόβοσίς τε Θόη τε καὶ εὐειδὴς Πολυδώρη
355 Κερκηίς τε φυὴν ἐρατὴ Πλουτώ τε βοῶπις
Περσηίς τ᾽ Ἰάνειρά τ᾽ Ἀκάστη τε Ξάνθη τε
Πετραίη τ᾽ ἐρόεσσα Μενεσθώ τ᾽ Εὐρώπη τε
Μῆτίς τ᾽ Εὐρυνόμη τε Τελεστώ τε κροκόπεπλος
Χρυσηίς τ᾽ Ἀσίη τε καὶ ἱμερόεσσα Καλυψώ
360 Εὐδώρη τε Τύχη τε καὶ Ἀμφιρὼ Ὠκυρόη τε
καὶ Στύξ, ἣ δή σφεων προφερεστάτη ἐστὶν ἁπασέων.
αὗται ἄρ᾽ Ὠκεανοῦ καὶ Τηθύος ἐξεγένοντο
πρεσβύταται κοῦραι· πολλαί γε μέν εἰσι καὶ ἄλλαι·
τρὶς γὰρ χίλιαί εἰσι τανίσφυροι Ὠκεανῖναι,

Estrímon, Maiandros e Istros bela-corrente,
Fásis, Resos e Aquelôo argênteo-redemunho,   340
Nessos, Ródios, Haliácmon, Heptaporos,
Grenicos, Esepos e o divino Simoente,
Peneios, Hermos e Caícos bem-fluente,
grande Sangarios, Ládon e Partênios,
Euenos, Aldescos e o divino Escamandro.   345
E pariu sacra linhagem de moças, que, pela terra,
a meninos tornam varões com o senhor Apolo
e com os rios, e de Zeus tem esse quinhão,
Persuasão, Indomada, Violeta e Brilhante,
Dóris, Sopé e a divinal Celeste,   350
Equina, Famosa, Rósea e Bonflux,
Zeuxó, Gloriosa, Sapiente e Admiradíssima,
Plexaure, Galaxaure e a encantadora Dione,
Ovelheira, Veloz e Muitadádiva bela-aparência,
a atraente Lançadeira e Riqueza olho-bovino,   355
Perseís, Iáneira, Acaste e Loira,
a apaixonante Pétrea, Potência e Europa,
Astúcia, Eurínome e Círcula peplo-açafrão,
Criseís, Ásia e a desejável Calipso,
Beladádiva, Fortuna, Tornoflux e Celereflux,   360
e Estige, essa que é a superior entre todas.
Essas nasceram de Oceano e Tetís,
as moças mais velhas. Também muitas outras há:
três mil são as Oceaninas tornozelo-fino,

---

349 Persuasão,] *Peithō*. 349 Indomada,] *Admētē*. 349 Violeta] *Ianthēe*.
349 Brilhante,] *Elektrē*. 350 Sopé] *Prumnō*. 350 Celeste,] *Ourania*.
351 Equina,] *Hippō*. 351 Famosa,] *Klumenē*. 351 Rósea] *Rhodeia*.
351 Bonflux,] *Kalliroē*. 352 Gloriosa,] *Klutiē*. 352 Sapiente] *Iduia*.
352 Admiradíssima,] *Pasithoē*. 354 Ovelheira,] *Melobosis*. 354 Veloz] *Thoē*. 354 Muitadádiva] *Poludōrē*. 355 Lançadeira] *Kerkēis*. 355
Riqueza] *Ploutō*. 356 Loira,] *Xanthē*. 357 Pétrea,] *Petraiē*. 357 Potência] *Menesthō*. 358 Astúcia,] *Mētis*. 358 Círcula] *Telestō*. 359
Calipso,] transliteração de *Kalipso*, algo como "Encobre". 360 Beladádiva,] *Eudōrē*. 360 Fortuna,] *Tukhē*. 360 Tornoflux] *Amphirō*. 360 Celereflux,] *Okuroē*.

₃₆₅ αἵ ῥα πολυσπερέες γαῖαν καὶ βένθεα λίμνης
πάντῃ ὁμῶς ἐφέπουσι, θεάων ἀγλαὰ τέκνα.
τόσσοι δ' αὖθ' ἕτεροι ποταμοὶ καναχηδὰ ῥέοντες,
υἱέες Ὠκεανοῦ, τοὺς γείνατο πότνια Τηθύς·
τῶν ὄνομ' ἀργαλέον πάντων βροτὸν ἄνδρα ἐνισπεῖν,
₃₇₀ οἱ δὲ ἕκαστοι ἴσασιν, ὅσοι περιναιετάουσι.

Θεία δ' Ἥλιόν τε μέγαν λαμπράν τε Σελήνην
Ἠῶ θ', ἣ πάντεσσιν ἐπιχθονίοισι φαείνει
ἀθανάτοις τε θεοῖσι τοὶ οὐρανὸν εὐρὺν ἔχουσι,
γείναθ' ὑποδμηθεῖσ' Ὑπερίονος ἐν φιλότητι.
₃₇₅ Κρείῳ δ' Εὐρυβίη τέκεν ἐν φιλότητι μιγεῖσα
Ἀστραῖόν τε μέγαν Πάλλαντά τε δῖα θεάων
Πέρσην θ', ὃς καὶ πᾶσι μετέπρεπεν ἰδμοσύνῃσιν.
Ἀστραίῳ δ' Ἠὼς ἀνέμους τέκε καρτεροθύμους,
ἀργεστὴν Ζέφυρον Βορέην τ' αἰψηροκέλευθον
₃₈₀ καὶ Νότον, ἐν φιλότητι θεὰ θεῷ εὐνηθεῖσα.
τοὺς δὲ μέτ' ἀστέρα τίκτεν Ἑωσφόρον Ἠριγένεια
ἄστρά τε λαμπετόωντα, τά τ' οὐρανὸς ἐστεφάνωται.

Στὺξ δ' ἔτεκ' Ὠκεανοῦ θυγάτηρ Πάλλαντι μιγεῖσα
Ζῆλον καὶ Νίκην καλλίσφυρον ἐν μεγάροισι
₃₈₅ καὶ Κράτος ἠδὲ Βίην ἀριδείκετα γείνατο τέκνα.
τῶν οὐκ ἔστ' ἀπάνευθε Διὸς δόμος, οὐδέ τις ἕδρη,
οὐδ' ὁδός, ὅππῃ μὴ κείνοις θεὸς ἡγεμονεύει,
ἀλλ' αἰεὶ πὰρ Ζηνὶ βαρυκτύπῳ ἑδριόωνται.
ὣς γὰρ ἐβούλευσε Στὺξ ἄφθιτος Ὠκεανίνη
₃₉₀ ἤματι τῷ, ὅτε πάντας Ὀλύμπιος ἀστεροπητὴς
ἀθανάτους ἐκάλεσσε θεοὺς ἐς μακρὸν Ὄλυμπον,
εἶπε δ', ὃς ἂν μετὰ εἷο θεῶν Τιτῆσι μάχοιτο,
μή τιν' ἀπορραίσειν γεράων, τιμὴν δὲ ἕκαστον

elas que, bem-espalhadas, terra e profundas do mar,   365
todo lugar por igual, frequentam, filhas radiantes de deusas.
E tantos e distintos os rios que fluem estrepitantes,
filhos de Oceano, aos quais gerou a senhora Tetís:
deles, o nome de todos custa ao varão mortal narrar,
e estes o respectivo conhecem, os que moram no entorno.   370

      E Teia ao grande Sol, à fúlgida Lua
e à Aurora, que brilha para todos os mortais
e aos deuses imortais que do amplo céu dispõem,
gerou-os, subjugada em amor por Hipérion.
E para Creio Euribie pariu, unida em amor,   375
diva entre as deusas, o grande Estrelado, Palas
e Perses, que entre todos sobressaía pela sapiência.
Para Estrelado Aurora pariu ventos ânimo-potente,
o clareante Zéfiro, Bóreas rota-ligeira
e Noto, em amor a deusa com o deus deitada.   380
Depois deles, Nasce-Cedo pariu Estrela da Manhã
e astros fulgentes, com os quais o céu se coroa.

      E Estige, filha de Oceano, pariu, unida a Palas,
Emulação e Vitória linda-canela no palácio
e Poder e Força gerou, filhos insignes.   385
Não fica longe de Zeus nem sua casa nem seu assento,
nem via por onde o deus na frente deles não vá,
mas sempre junto a Zeus grave-ressoo se assentam.
Pois assim Estige planejou, a Oceanina eterna,
no dia em que o relampejante olímpico a todos   390
os deuses imortais chamou ao grande Olimpo,
e disse que todo deus que com ele combatesse os Titãs,
desse não arrancaria suas mercês, e cada um a honra

---

376 Estrelado,] *Astraios.*   **381** Nasce-Cedo] Aurora.   **381** Estrela da
Manhã] *Heōsphoros,* "traz-aurora".   **384** Emulação] *Zēlos.*   **384** Vitória]
Nikē.   **385** Poder] *Kratos.*   **385** Força] *Biē.*

ἐξέμεν, ἣν τὸ πάρος γε μετ᾽ ἀθανάτοισι θεοῖσι.
395 τὸν δ᾽ ἔφαθ᾽, ὅστις ἄτιμος ὑπὸ Κρόνου ἠδ᾽ ἀγέραστος,
τιμῆς καὶ γεράων ἐπιβησέμεν, ᾗ θέμις ἐστίν.
ἦλθε δ᾽ ἄρα πρώτη Στὺξ ἄφθιτος Οὔλυμπόνδε
σὺν σφοῖσιν παίδεσσι φίλου διὰ μήδεα πατρός·
τὴν δὲ Ζεὺς τίμησε, περισσὰ δὲ δῶρα ἔδωκεν.
400 αὐτὴν μὲν γὰρ ἔθηκε θεῶν μέγαν ἔμμεναι ὅρκον,
παῖδας δ᾽ ἤματα πάντα ἑοῦ μεταναιέτας εἶναι.
ὣς δ᾽ αὕτως πάντεσσι διαμπερές, ὥς περ ὑπέστη,
ἐξετέλεσσ᾽· αὐτὸς δὲ μέγα κρατεῖ ἠδὲ ἀνάσσει.

Φοίβη δ᾽ αὖ Κοίου πολυήρατον ἦλθεν ἐς εὐνήν·
405 κυσαμένη δήπειτα θεὰ θεοῦ ἐν φιλότητι
Λητὼ κυανόπεπλον ἐγείνατο, μείλιχον αἰεί,
ἤπιον ἀνθρώποισι καὶ ἀθανάτοισι θεοῖσι,
μείλιχον ἐξ ἀρχῆς, ἀγανώτατον ἐντὸς Ὀλύμπου.
γείνατο δ᾽ Ἀστερίην εὐώνυμον, ἥν ποτε Πέρσης
410 ἠγάγετ᾽ ἐς μέγα δῶμα φίλην κεκλῆσθαι ἄκοιτιν.

ἡ δ᾽ ὑποκυσαμένη Ἑκάτην τέκε, τὴν περὶ πάντων
Ζεὺς Κρονίδης τίμησε· πόρεν δέ οἱ ἀγλαὰ δῶρα,
μοῖραν ἔχειν γαίης τε καὶ ἀτρυγέτοιο θαλάσσης.
ἡ δὲ καὶ ἀστερόεντος ἀπ᾽ οὐρανοῦ ἔμμορε τιμῆς,
415 ἀθανάτοις τε θεοῖσι τετιμένη ἐστὶ μάλιστα.
καὶ γὰρ νῦν, ὅτε πού τις ἐπιχθονίων ἀνθρώπων
ἔρδων ἱερὰ καλὰ κατὰ νόμον ἱλάσκηται,
κικλήσκει Ἑκάτην· πολλή τέ οἱ ἕσπετο τιμὴ
ῥεῖα μάλ᾽, ᾧ πρόφρων γε θεὰ ὑποδέξεται εὐχάς,
420 καί τέ οἱ ὄλβον ὀπάζει, ἐπεὶ δύναμίς γε πάρεστιν.
ὅσσοι γὰρ Γαίης τε καὶ Οὐρανοῦ ἐξεγένοντο
καὶ τιμὴν ἔλαχον, τούτων ἔχει αἶσαν ἁπάντων·
οὐδέ τί μιν Κρονίδης ἐβιήσατο οὐδέ τ᾽ ἀπηύρα,
ὅσσ᾽ ἔλαχεν Τιτῆσι μέτα προτέροισι θεοῖσιν,

teria tal como antes entre os deuses imortais.
Disse que quem não obtivera honra e mercê devido a Crono,   395
esse receberia honra e mercês, como é a norma.
Eis que veio por primeiro ao Olimpo a eterna Estige
com seus filhos devido aos projetos do caro pai;
a ela Zeus honrou e deu-lhe dons prodigiosos.
Pois dela fez a grande jura dos deuses,   400
e a seus filhos, por todos os dias, tornou seus coabitantes.
Assim como prometera para todos, sem exceção,
realizou; e ele mesmo tem grande poder e rege.

E dirigiu-se Foibe ao desejável leito de Coio;
então engravidou a deusa em amor pelo deus   405
e gerou Leto peplo-negro, sempre amável,
gentil para com os homens e deuses imortais,
amável dês o início, a mais suave dentro do Olimpo.
E gerou a auspiciosa Astéria bom-nome, que um dia Perses
fez conduzir à grande casa para ser chamada sua esposa.   410

Ela engravidou e pariu Hécate, a quem, mais que a todos,
Zeus Cronida honrou; e deu-lhe dádivas radiantes
para ela ter porção da terra e do mar ruidoso.
Ela também partilhou a honra do céu estrelado,
e pelos deuses imortais é sumamente honrada.   415
Também agora, quando um homem mortal
faz belos sacrifícios regrados para os propiciar,
invoca Hécate: bastante honra segue aquele,
fácil, de quem, benévola, a deusa aceita preces,
e a ele oferta fortuna, pois a potência está a seu lado.   420
Tantos quantos de Terra e Céu nasceram
e granjearam honraria, de todos ela tem uma porção
e com ela o Cronida em nada foi violento nem usurpou
daquilo que granjeou entre os Titãs, primevos deuses,

425 ἀλλ' ἔχει, ὡς τὸ πρῶτον ἀπ' ἀρχῆς ἔπλετο δασμός.
οὐδ', ὅτι μουνογενής, ἧσσον θεὰ ἔμμορε τιμῆς
καὶ γεράων γαίῃ τε καὶ οὐρανῷ ἠδὲ θαλάσσῃ,
ἀλλ' ἔτι καὶ πολὺ μᾶλλον, ἐπεὶ Ζεὺς τίεται αὐτήν.
ᾧ δ' ἐθέλῃ, μεγάλως παραγίνεται ἠδ' ὀνίνησιν·
430 ἔν τ' ἀγορῇ λαοῖσι μεταπρέπει, ὅν κ' ἐθέλῃσιν·
ἠδ' ὁπότ' ἐς πόλεμον φθισήνορα θωρήσσωνται
ἀνέρες, ἔνθα θεὰ παραγίνεται, οἷς κ' ἐθέλῃσι
νίκην προφρονέως ὀπάσαι καὶ κῦδος ὀρέξαι.
ἔν τε δίκῃ βασιλεῦσι παρ' αἰδοίοισι καθίζει,
435 ἐσθλὴ δ' αὖθ' ὁπότ' ἄνδρες ἀεθλεύωσ' ἐν ἀγῶνι·
ἔνθα θεὰ καὶ τοῖς παραγίνεται ἠδ' ὀνίνησι·
νικήσας δὲ βίῃ καὶ κάρτει, καλὸν ἄεθλον
ῥεῖα φέρει χαίρων τε, τοκεῦσι δὲ κῦδος ὀπάζει.
ἐσθλὴ δ' ἱππήεσσι παρεστάμεν, οἷς κ' ἐθέλῃσιν·
440 καὶ τοῖς, οἳ γλαυκὴν δυσπέμφελον ἐργάζονται,
εὔχονται δ' Ἑκάτῃ καὶ ἐρικτύπῳ Ἐννοσιγαίῳ,
ῥηιδίως ἄγρην κυδρὴ θεὸς ὤπασε πολλήν,
ῥεῖα δ' ἀφείλετο φαινομένην, ἐθέλουσά γε θυμῷ.
ἐσθλὴ δ' ἐν σταθμοῖσι σὺν Ἑρμῇ ληίδ' ἀέξειν·
445 βουκολίας δὲ βοῶν τε καὶ αἰπόλια πλατέ' αἰγῶν
ποίμνας τ' εἰροπόκων οἴων, θυμῷ γ' ἐθέλουσα,
ἐξ ὀλίγων βριάει κἀκ πολλῶν μείονα θῆκεν.
οὕτω τοι καὶ μουνογενὴς ἐκ μητρὸς ἐοῦσα
πᾶσι μετ' ἀθανάτοισι τετίμηται γεράεσσι.
450 θῆκε δέ μιν Κρονίδης κουροτρόφον, οἳ μετ' ἐκείνην
ὀφθαλμοῖσιν ἴδοντο φάος πολυδερκέος Ἠοῦς.
οὕτως ἐξ ἀρχῆς κουροτρόφος, αἳ δέ τε τιμαί.

    Ῥείη δὲ δμηθεῖσα Κρόνῳ τέκε φαίδιμα τέκνα,
Ἱστίην Δήμητρα καὶ Ἥρην χρυσοπέδιλον,

mas possui como foi, dês o início, a divisão original.   425
Nem, sendo filha única, tem menor porção de honra
e de mercês na terra, no céu e no mar,
mas ainda muito mais, pois Zeus a honra.
Para quem ela quiser, magnificente, fica ao lado e favorece:
na assembleia, entre o povo se destaca quem ela quiser;   430
e quando rumo à batalha aniquiladora se armam
os varões, a deusa ao lado fica daquele a quem quer,
benevolente, vitória ofertar e glória estender.
Num julgamento senta-se junto a reis respeitáveis,
e valorosa é sempre que varões disputam uma prova: 435
aí a deusa também fica ao lado deles e os favorece,
e, tendo vencido pela força e vigor, belo prêmio
ele fácil leva, alegre, e aos pais oferta a glória.
É valorosa ao se por junto a cavaleiros, aos que quer,
e para estes que trabalham o glauco encrespado   440
e fazem prece a Hécate e a Treme-Solo ressoa-alto,
fácil a deusa majestosa oferta muita presa,
e fácil a tira quando aparece, se no ânimo quiser.
Valorosa é com Hermes, nas quintas, no aumentar os bens:
rebanhos de gado, amplos rebanhos de cabras,   445
rebanhos de ovelhas lanosas, se ela no ânimo quiser,
de poucos, os fortalece, e de muitos, torna menores.
Assim, embora sendo filha única da mãe,
entre todos os imortais é honrada com mercês.
O Cronida tornou-a nutre-jovem dos que, depois dela,   450
com os olhos veem a luz de Aurora muito-observa.
Assim, dês o início é nutre-jovem, e essas, as honras.

    E Reia, subjugada por Crono, pariu filhos insignes,
Héstia, Deméter e Hera sandália-dourada,

---

441 Treme-Solo ressoa-alto,] "Treme-Solo" e "ressoa-alto" são epítetos de
Posêidon e geralmente identificam o deus neste poema.

455 ἴφθιμόν τ᾽ Ἀΐδην, ὃς ὑπὸ χθονὶ δώματα ναίει
νηλεὲς ἦτορ ἔχων, καὶ ἐρίκτυπον Ἐννοσίγαιον,
Ζῆνά τε μητιόεντα, θεῶν πατέρ᾽ ἠδὲ καὶ ἀνδρῶν,
τοῦ καὶ ὑπὸ βροντῆς πελεμίζεται εὐρεῖα χθών.
καὶ τοὺς μὲν κατέπινε μέγας Κρόνος, ὥς τις ἕκαστος
460 νηδῦος ἐξ ἱερῆς μητρὸς πρὸς γοῦναθ᾽ ἵκοιτο,
τὰ φρονέων, ἵνα μή τις ἀγαυῶν Οὐρανιώνων
ἄλλος ἐν ἀθανάτοισιν ἔχοι βασιληίδα τιμήν.
πεύθετο γὰρ Γαίης τε καὶ Οὐρανοῦ ἀστερόεντος
οὕνεκά οἱ πέπρωτο ἑῷ ὑπὸ παιδὶ δαμῆναι,
465 καὶ κρατερῷ περ ἐόντι, Διὸς μεγάλου διὰ βουλάς.
τῷ ὅ γ᾽ ἄρ᾽ οὐκ ἀλαοσκοπιὴν ἔχεν, ἀλλὰ δοκεύων
παῖδας ἑοὺς κατέπινε· Ῥέην δ᾽ ἔχε πένθος ἄλαστον.
ἀλλ᾽ ὅτε δὴ Δί᾽ ἔμελλε θεῶν πατέρ᾽ ἠδὲ καὶ ἀνδρῶν
τέξεσθαι, τότ᾽ ἔπειτα φίλους λιτάνευε τοκῆας
470 τοὺς αὐτῆς, Γαῖάν τε καὶ Οὐρανὸν ἀστερόεντα,
μῆτιν συμφράσσασθαι, ὅπως λελάθοιτο τεκοῦσα
παῖδα φίλον, τείσαιτο δ᾽ ἐρινῦς πατρὸς ἑοῖο
παίδων <θ᾽> οὓς κατέπινε μέγας Κρόνος ἀγκυλομήτης.
οἱ δὲ θυγατρὶ φίλῃ μάλα μὲν κλῦον ἠδ᾽ ἐπίθοντο,
475 καί οἱ πεφραδέτην, ὅσα περ πέπρωτο γενέσθαι
ἀμφὶ Κρόνῳ βασιλῆι καὶ υἱέι καρτεροθύμῳ·
πέμψαν δ᾽ ἐς Λύκτον, Κρήτης ἐς πίονα δῆμον,
ὁππότ᾽ ἄρ᾽ ὁπλότατον παίδων ἤμελλε τεκέσθαι,
Ζῆνα μέγαν· τὸν μέν οἱ ἐδέξατο Γαῖα πελώρη
480 Κρήτῃ ἐν εὐρείῃ τρεφέμεν ἀτιταλλέμεναί τε.
ἔνθά μιν ἷκτο φέρουσα θοὴν διὰ νύκτα μέλαιναν,
πρώτην ἐς Λύκτον· κρύψεν δέ ἑ χερσὶ λαβοῦσα
ἄντρῳ ἐν ἠλιβάτῳ, ζαθέης ὑπὸ κεύθεσι γαίης,
Αἰγαίῳ ἐν ὄρει πεπυκασμένῳ ὑλήεντι.
485 τῷ δὲ σπαργανίσασα μέγαν λίθον ἐγγυάλιξεν

e o altivo Hades, que sob a terra habita sua casa   455
com coração impiedoso, e Treme-Solo ressoa-alto,
e o astuto Zeus, pai de deuses e homens,
cujo raio sacode a ampla terra.
A esses engolia o grande Crono, quando cada um
se dirigisse do sacro ventre aos joelhos da mãe,   460
pensando isso para nenhum ilustre celeste,
um outro entre os imortais, obter a honraria real.
Pois escutara de Terra e do estrelado Céu
que lhe estava destinado ser subjugado por seu filho —
embora mais poderoso, pelos desígnios do grande Zeus.   465
Por isso não mantinha vigia cega, mas, observador,
engolia seus filhos; e a Reia dominava aflição inesquecível.
Mas quando iria a Zeus, pai de deuses e homens,
parir, nisso ela então suplicou aos caros genitores,
aos seus próprios, Terra e Céu estrelado,   470
com ela planejarem ardil para, sem ser notada, parir
o caro filho e fazer Crono pagar às erínias do pai
e dos filhos que ele engolia, o grande Crono curva-astúcia.
Eles à cara filha ouviram bem e obedeceram
e lhe apontaram tudo destinado a ocorrer   475
acerca do rei Crono e do filho ânimo-potente.
Enviaram-na a Lictos, à fértil região de Creta,
quando iria parir o mais novo dos filhos,
o grande Zeus; a esse recebeu a portentosa Terra
na ampla Creta para criar e alimentar.   480
Lá ela chegou, levando-o pela negra noite veloz,
primeiro a Lictos; pegou-o nos braços e escondeu
em gruta rochosa, sob os recessos numinosos da terra,
na montanha Egeia, coberta de mato cerrado.
Em grande pedra pôs um cueiro e àquele o estendeu,   485

472 erínias] espíritos de vingança.

Οὐρανίδῃ μέγ᾽ ἄνακτι, θεῶν προτέρων βασιλῆι.
τὸν τόθ᾽ ἑλὼν χείρεσσιν ἑὴν ἐσκάτθετο νηδῦν,
σχέτλιος, οὐδ᾽ ἐνόησε μετὰ φρεσίν, ὥς οἱ ὀπίσσω
ἀντὶ λίθου ἑὸς υἱὸς ἀνίκητος καὶ ἀκηδὴς
490 λείπεθ᾽, ὅ μιν τάχ᾽ ἔμελλε βίῃ καὶ χερσὶ δαμάσσας
τιμῆς ἐξελάαν, ὁ δ᾽ ἐν ἀθανάτοισιν ἀνάξειν.

καρπαλίμως δ᾽ ἄρ᾽ ἔπειτα μένος καὶ φαίδιμα γυῖα
ηὔξετο τοῖο ἄνακτος· ἐπιπλομένου δ᾽ ἐνιαυτοῦ,
Γαίης ἐννεσίῃσι πολυφραδέεσσι δολωθείς,
495 ὃν γόνον ἂψ ἀνέηκε μέγας Κρόνος ἀγκυλομήτης,
νικηθεὶς τέχνῃσι βίηφί τε παιδὸς ἑοῖο.
πρῶτον δ᾽ ἐξήμησε λίθον, πύματον καταπίνων·
τὸν μὲν Ζεὺς στήριξε κατὰ χθονὸς εὐρυοδείης
Πυθοῖ ἐν ἠγαθέῃ, γυάλοις ὕπο Παρνησσοῖο,
500 σῆμ᾽ ἔμεν ἐξοπίσω, θαῦμα θνητοῖσι βροτοῖσι.

λῦσε δὲ πατροκασιγνήτους ὀλοῶν ὑπὸ δεσμῶν,
Οὐρανίδας, οὓς δῆσε πατὴρ ἀεσιφροσύνῃσιν·
οἵ οἱ ἀπεμνήσαντο χάριν εὐεργεσιάων,
δῶκαν δὲ βροντὴν ἠδ᾽ αἰθαλόεντα κεραυνὸν
505 καὶ στεροπήν· τὸ πρὶν δὲ πελώρη Γαῖα κεκεύθει·
τοῖς πίσυνος θνητοῖσι καὶ ἀθανάτοισιν ἀνάσσει.

κούρην δ᾽ Ἰαπετὸς καλλίσφυρον Ὠκεανίνην
ἠγάγετο Κλυμένην καὶ ὁμὸν λέχος εἰσανέβαινεν.
ἡ δέ οἱ Ἄτλαντα κρατερόφρονα γείνατο παῖδα,
510 τίκτε δ᾽ ὑπερκύδαντα Μενοίτιον ἠδὲ Προμηθέα,
ποικίλον αἰολόμητιν, ἁμαρτίνοόν τ᾽ Ἐπιμηθέα·
ὃς κακὸν ἐξ ἀρχῆς γένετ᾽ ἀνδράσιν ἀλφηστῇσι·
πρῶτος γάρ ῥα Διὸς πλαστὴν ὑπέδεκτο γυναῖκα
παρθένον. ὑβριστὴν δὲ Μενοίτιον εὐρύοπα Ζεὺς

ao grande senhor filho de Céu, rei dos deuses primevos.
Pegou-a então com as mãos e em seu ventre depositou,
o terrível, e não notou no juízo que para ele, no futuro,
ao invés da pedra seu filho invencível e sereno
ficou, quem logo o iria subjugar com força e braços,   490
o despojaria de sua honra e entre os imortais regeria.

Eis que celeremente ímpeto e membros insignes
do senhor cresceram; e após um ano passar,
ludibriado pela sugestão refletida de Terra,
sua prole regurgitou o grande Crono curva-astúcia,   495
vencido pela arte e força do próprio filho.
Primeiro vomitou a pedra, que por último engolira;
a ela Zeus fixou na terra largas-rotas
na divina Pitó, embaixo nas reentrâncias do Parnasso,
sinal aos vindouros, assombro aos homens mortais.   500

E soltou os irmãos do pai de seus laços ruinosos,
filhos de Céu, que prendera o pai devido a cego juízo;
eles, pela boa ação, retribuíram com um favor,
e deram-lhe trovão, raio chamejante
e relâmpago: antes a portentosa Terra os mantivera ocultos;   505
com o apoio desses, ele rege sobre mortais e imortais.

E Jápeto a moça linda-canela, a Oceanina
Famosa, fez ser conduzida e subiu no leito comum.
Ela gerou-lhe, como filho, Atlas juízo-forte
e pariu Menoitio super-majestoso, Prometeu,   510
o variegado astúcia-cintilante, e o equivocado Epimeteu;
um mal foi esse, dês o início, aos homens come-grão:
recebeu originalmente, modelada, uma mulher
moça. E ao violento Menoitio Zeus ampla-visão

---

499 reentrâncias do Parnasso,] ou seja, em Delfos.

515 εἰς ἔρεβος κατέπεμψε βαλὼν ψολόεντι κεραυνῷ
εἵνεκ' ἀτασθαλίης τε καὶ ἠνορέης ὑπερόπλου.
Ἄτλας δ' οὐρανὸν εὐρὺν ἔχει κρατερῆς ὑπ' ἀνάγκης,
πείρασιν ἐν γαίης πρόπαρ' Ἑσπερίδων λιγυφώνων
ἑστηώς, κεφαλῇ τε καὶ ἀκαμάτῃσι χέρεσσι·
520 ταύτην γάρ οἱ μοῖραν ἐδάσσατο μητίετα Ζεύς.
δῆσε δ' ἀλυκτοπέδῃσι Προμηθέα ποικιλόβουλον,
δεσμοῖς ἀργαλέοισι, μέσον διὰ κίον' ἐλάσσας·
καί οἱ ἐπ' αἰετὸν ὦρσε τανύπτερον· αὐτὰρ ὅ γ' ἧπαρ
ἤσθιεν ἀθάνατον, τὸ δ' ἀέξετο ἶσον ἀπάντῃ
525 νυκτός, ὅσον πρόπαν ἦμαρ ἔδοι τανυσίπτερος ὄρνις.
τὸν μὲν ἄρ' Ἀλκμήνης καλλισφύρου ἄλκιμος υἱὸς
Ἡρακλέης ἔκτεινε, κακὴν δ' ἀπὸ νοῦσον ἄλαλκεν
Ἰαπετιονίδῃ καὶ ἐλύσατο δυσφροσυνάων,
οὐκ ἀέκητι Ζηνὸς Ὀλυμπίου ὕψι μέδοντος,
530 ὄφρ' Ἡρακλῆος Θηβαγενέος κλέος εἴη
πλεῖον ἔτ' ἢ τὸ πάροιθεν ἐπὶ χθόνα πουλυβότειραν.
ταῦτ' ἄρα ἀζόμενος τίμα ἀριδείκετον υἱόν·
καί περ χωόμενος παῦθη χόλου, ὃν πρὶν ἔχεσκεν,
οὕνεκ' ἐρίζετο βουλὰς ὑπερμενέι Κρονίωνι.

535   καὶ γὰρ ὅτ' ἐκρίνοντο θεοὶ θνητοί τ' ἄνθρωποι
Μηκώνῃ, τότ' ἔπειτα μέγαν βοῦν πρόφρονι θυμῷ
δασσάμενος προύθηκε, Διὸς νόον ἐξαπαφίσκων.
τῷ μὲν γὰρ σάρκάς τε καὶ ἔγκατα πίονα δημῷ
ἐν ῥινῷ κατέθηκε, καλύψας γαστρὶ βοείῃ,
540 τοῖς δ' αὖτ' ὀστέα λευκὰ βοὸς δολίῃ ἐπὶ τέχνῃ
εὐθετίσας κατέθηκε, καλύψας ἀργέτι δημῷ.

       δὴ τότε μιν προσέειπε πατὴρ ἀνδρῶν τε θεῶν τε·
' 'Ἰαπετιονίδη, πάντων ἀριδείκετ' ἀνάκτων,
ὦ πέπον, ὡς ἑτεροζήλως διεδάσσαο μοίρας.' '

545   ὣς φάτο κερτομέων Ζεὺς ἄφθιτα μήδεα εἰδώς·

72

à escuridão abaixo enviou ao acertá-lo com raio fumoso   515
por causa de iniquidade e insolente virilidade.
Atlas sustém o amplo céu, sob imperiosa necessidade,
nos limites da terra ante as Hespérides clara-voz
parado, com a cabeça e incansáveis braços:
esse quinhão lhe atribuiu o astuto Zeus.   520
Prendeu a grilhões Prometeu desígnio-variegado,
a laços aflitivos, pelo meio puxando um pilar.
Contra ele instigou águia asa-longa; essa ao fígado
imortal comia, e esse crescia por completo, igual,
de noite, o que de dia comeria a ave asa-longa.   525
Eis que a ela o bravo filho de Alcmena linda-canela,
Héracles, matou, e afastou a praga vil
do filho de Jápeto e libertou-o das amarguras
não contra o olímpico Zeus que do alto rege,
para que o tebano Héracles tivesse fama   530
ainda mais que no passado sobre o solo nutre-muitos.
Assim, respeitando-o, Zeus honrava o insigne filho;
embora irado, cessou a raiva que antes tinha,
pois desafiara os desígnios do impetuoso Cronida.

De fato, quando deuses e homens mortais se distinguiam   535
em Mecone, nisso grande boi, com ânimo resoluto,
Prometeu dividiu e dispôs, tentando enganar o espírito de Zeus.
Pois, para um, carne e entranhas fartas em gordura
na pele colocou, escondendo no ventre bovino;
para os outros, brancos ossos do boi com arte ardilosa   540
arrumou e dispôs, escondendo com branca gordura.

Então lhe disse o pai de varões e deuses:
"Filho de Jápeto, insigne entre todos os senhores,
meu caro, que modo parcial de dividir as porções".

Assim provocou- Zeus, mestre em ideias imperecíveis;   545

73

τὸν δ' αὖτε προσέειπε Προμηθεὺς ἀγκυλομήτης,
ἦκ' ἐπιμειδήσας, δολίης δ' οὐ λήθετο τέχνης·
''Ζεῦ κύδιστε μέγιστε θεῶν αἰειγενετάων,
τῶν δ' ἔλευ ὁπποτέρην σε ἐνὶ φρεσὶ θυμὸς ἀνώγει.''

550   φῆ ῥα δολοφρονέων· Ζεὺς δ' ἄφθιτα μήδεα εἰδὼς
γνῶ ῥ' οὐδ' ἠγνοίησε δόλον· κακὰ δ' ὄσσετο θυμῷ
θνητοῖς ἀνθρώποισι, τὰ καὶ τελέεσθαι ἔμελλε.
χερσὶ δ' ὅ γ' ἀμφοτέρῃσιν ἀνείλετο λευκὸν ἄλειφαρ,
χώσατο δὲ φρένας ἀμφί, χόλος δέ μιν ἵκετο θυμόν,
555   ὡς ἴδεν ὀστέα λευκὰ βοὸς δολίῃ ἐπὶ τέχῃ.
ἐκ τοῦ δ' ἀθανάτοισιν ἐπὶ χθονὶ φῦλ' ἀνθρώπων
καίουσ' ὀστέα λευκὰ θυηέντων ἐπὶ βωμῶν.

       τὸν δὲ μέγ' ὀχθήσας προσέφη νεφεληγερέτα Ζεύς·
'''Ιαπετιονίδη, πάντων πέρι μήδεα εἰδώς,
560   ὦ πέπον, οὐκ ἄρα πω δολίης ἐπελήθεο τέχνης.''

       ὣς φάτο χωόμενος Ζεὺς ἄφθιτα μήδεα εἰδώς.
ἐκ τούτου δήπειτα χόλου μεμνημένος αἰεὶ
οὐκ ἐδίδου μελίῃσι πυρὸς μένος ἀκαμάτοιο
θνητοῖς ἀνθρώποις οἳ ἐπὶ χθονὶ ναιετάουσιν·
565   ἀλλά μιν ἐξαπάτησεν ἐὺς πάις Ἰαπετοῖο
κλέψας ἀκαμάτοιο πυρὸς τηλέσκοπον αὐγὴν
ἐν κοίλῳ νάρθηκι· δάκεν δ' ἄρα νειόθι θυμὸν
Ζῆν' ὑψιβρεμέτην, ἐχόλωσε δέ μιν φίλον ἦτορ,
ὡς ἴδ' ἐν ἀνθρώποισι πυρὸς τηλέσκοπον αὐγήν.
570   αὐτίκα δ' ἀντὶ πυρὸς τεῦξεν κακὸν ἀνθρώποισι·
γαίης γὰρ σύμπλασσε περικλυτὸς Ἀμφιγυήεις
παρθένῳ αἰδοίῃ ἴκελον Κρονίδεω διὰ βουλάς·
ζῶσε δὲ καὶ κόσμησε θεὰ γλαυκῶπις Ἀθήνη

74

e a ele retrucou Prometeu curva-astúcia,
de leve sorriu e não esqueceu a arte ardilosa:
"Majestoso Zeus, maior dos deuses sempiternos,
dessas escolhe a que no íntimo o ânimo te ordena".

Falou ardilosamente; Zeus, mestre em ideias imperecíveis, 550
atentou, não desatento ao ardil; olhou com males no ânimo
contra os homens mortais, os quais iriam se cumprir.
Com ambas as mãos, pegou a gordura branca
e irou-se no juízo, e raiva alcançou seu ânimo
quando viu brancos os ossos do boi, fruto da arte ardilosa. 555
Daí, aos imortais as tribos de homens sobre a terra
queimam brancos ossos sobre altares fragrantes.

Muito perturbado, disse-lhe Zeus junta-nuvens:
"Filho de Jápeto, supremo mestre em planos,
meu caro, pois não esqueceste a arte ardilosa". 560

Assim falou, irado, Zeus, mestre em ideias imperecíveis.
Depois disso, então, da raiva sempre se lembrando,
não dava aos freixos o ímpeto do fogo incansável
para os homens mortais, que sobre a terra habitam.
Mas a ele enganou o brioso filho de Jápeto 565
ao roubar o clarão visto-ao-longe do fogo incansável
em cavo funcho-gigante: isso mordeu o ânimo
de Zeus troveja-no-alto, e enraiveceu-se em seu coração
ao fitar entre os homens o clarão visto-ao-longe do fogo.
De pronto, pelo fogo fabricou um mal para os homens: 570
da terra modelou o gloriosíssimo Duas-Curvas,
pelos desígnios do Cronida, a imagem de uma moça respeitada.
A ela cinturou e adornou a deusa, Atena olhos-de-coruja,

563-564 não dava … homens mortais] versos problemáticos; uma pequena
alteração poderia redundar em "não dava o ímpeto do fogo incansável para
os homens mortais (nascidos das ninfas) dos freixos". **571** Duas-Curvas,]
epíteto que identifica Hefesto.

ἀργυφέῃ ἐσθῆτι· κατὰ κρῆθεν δὲ καλύπτρην
575 δαιδαλέην χείρεσσι κατέσχεθε, θαῦμα ἰδέσθαι·
ἀμφὶ δέ οἱ στεφάνους νεοθηλέας, ἄνθεα ποίης,
ἱμερτοὺς περίθηκε καρήατι Παλλὰς Ἀθήνη·
ἀμφὶ δέ οἱ στεφάνην χρυσέην κεφαλῆφιν ἔθηκε,
τὴν αὐτὸς ποίησε περικλυτὸς Ἀμφιγυήεις
580 ἀσκήσας παλάμῃσι, χαριζόμενος Διὶ πατρί.
τῇ δ᾽ ἔνι δαίδαλα πολλὰ τετεύχατο, θαῦμα ἰδέσθαι,
κνώδαλ᾽ ὅσ᾽ ἤπειρος δεινὰ τρέφει ἠδὲ θάλασσα·
τῶν ὅ γε πόλλ᾽ ἐνέθηκε, χάρις δ᾽ ἐπὶ πᾶσιν ἄητο,
θαυμάσια, ζωοῖσιν ἐοικότα φωνήεσσιν.

585   αὐτὰρ ἐπεὶ δὴ τεῦξε καλὸν κακὸν ἀντ᾽ ἀγαθοῖο,
ἐξάγαγ᾽ ἔνθά περ ἄλλοι ἔσαν θεοὶ ἠδ᾽ ἄνθρωποι,
κόσμῳ ἀγαλλομένην γλαυκώπιδος Ὀβριμοπάτρης·
θαῦμα δ᾽ ἔχ᾽ ἀθανάτους τε θεοὺς θνητοὺς τ᾽ ἀνθρώπους,
ὡς εἶδον δόλον αἰπύν, ἀμήχανον ἀνθρώποισιν.
590 ἐκ τῆς γὰρ γένος ἐστὶ γυναικῶν θηλυτεράων,
τῆς γὰρ ὀλοίόν ἐστι γένος καὶ φῦλα γυναικῶν,
πῆμα μέγα θνητοῖσι, σὺν ἀνδράσι ναιετάουσαι,
οὐλομένης Πενίης οὐ σύμφοροι, ἀλλὰ Κόροιο.
ὡς δ᾽ ὁπότ᾽ ἐν σμήνεσσι κατηρεφέεσσι μέλισσαι
595 κηφῆνας βόσκωσι, κακῶν ξυνήονας ἔργων·
αἱ μέν τε πρόπαν ἦμαρ ἐς ἠέλιον καταδύντα
ἠμάτιαι σπεύδουσι τιθεῖσί τε κηρία λευκά,
οἱ δ᾽ ἔντοσθε μένοντες ἐπηρεφέας κατὰ σίμβλους
ἀλλότριον κάματον σφετέρην ἐς γαστέρ᾽ ἀμῶνται·
600 ὣς δ᾽ αὔτως ἄνδρεσσι κακὸν θνητοῖσι γυναῖκας
Ζεὺς ὑψιβρεμέτης θῆκε, ξυνήονας ἔργων

com veste argêntea; cabeça abaixo um véu
adornado, com as mãos, fez pender, assombro à visão;   575
em volta dela, coroas broto-novo de flores do prado,
desejáveis, pôs Palas Atena em sua a cabeça.
Em volta dela, pôs coroa dourada na cabeça,
que ele próprio fizera, o gloriosíssimo Duas-Curvas,
ao labutar com as palmas, comprazendo ao pai Zeus.   580
Nela muito adorno foi fabricado, assombro à visão,
tantos animais terríveis quantos nutrem terra e mar;
muitos desses nela pôs, e graça sobre todos soprou,
admiráveis, semelhantes a criaturas com voz.

E após fabricar o belo mal pelo bem,   585
levou-a aonde estavam os outros deuses e homens,
ela feliz com o adorno da Olhos-de-Coruja de pai ponderoso.
Assombro tomou os deuses imortais e os homens mortais
quando viram o íngreme ardil, impossível para os homens.
Pois dela vem a linhagem das bem femininas mulheres,   590
pois é dela a linhagem ruinosa, as tribos de mulheres,
grande desgraça aos mortais, morando com varões,
camaradas não da ruinosa Pobreza, mas de Abundância.
Como quando abelhas, em colmeias arqueadas,
alimentam zangões, parceiros de feitos vis: 595
elas, o dia inteiro até o sol se pôr,
todo dia se apressam e favos luzidios depositam,
e eles ficam dentro nas colmeias salientes
e a faina alheia para o próprio ventre recolhem —
bem assim as mulheres, mal aos homens mortais,   600
Zeus troveja-no-alto impôs, parceiras de feitos

576–577 em volta dela ... a cabeça] versos deletados por muitos editores,
como Marg e West; Most os mantém.   587 Olhos-de-Coruja de pai ponde-
roso.] dois epítetos comuns de Atena, filha de Zeus.   590–591 Pois dela ...
tribos de mulheres] versos muito parecidos, o que faz a maioria dos editores
optar por um ou outro.

ἀργαλέων. ἕτερον δὲ πόρεν κακὸν ἀντ᾽ ἀγαθοῖο,
ὅς κε γάμον φεύγων καὶ μέρμερα ἔργα γυναικῶν
μὴ γῆμαι ἐθέλῃ, ὀλοὸν δ᾽ ἐπὶ γῆρας ἵκηται
605 χήτει γηροκόμοιο· ὁ δ᾽ οὐ βιότου γ᾽ ἐπιδευὴς
ζώει, ἀποφθιμένου δὲ διὰ ζωὴν δατέονται
χηρωσταί. ᾧ δ᾽ αὖτε γάμου μετὰ μοῖρα γένηται,
κεδνὴν δ᾽ ἔσχεν ἄκοιτιν, ἀρηρυῖαν πραπίδεσσι,
τῷ δέ τ᾽ ἀπ᾽ αἰῶνος κακὸν ἐσθλῷ ἀντιφερίζει
610 ἐμμενές· ὃς δέ κε τέτμῃ ἀταρτηροῖο γενέθλης,
ζώει ἐνὶ στήθεσσιν ἔχων ἀλίαστον ἀνίην
θυμῷ καὶ κραδίῃ, καὶ ἀνήκεστον κακόν ἐστιν.

ὣς οὐκ ἔστι Διὸς κλέψαι νόον οὐδὲ παρελθεῖν.
οὐδὲ γὰρ Ἰαπετιονίδης ἀκάκητα Προμηθεὺς
615 τοῖό γ᾽ ὑπεξήλυξε βαρὺν χόλον, ἀλλ᾽ ὑπ᾽ ἀνάγκης
καὶ πολύιδριν ἐόντα μέγας κατὰ δεσμὸς ἐρύκει.

Ὀβριάρεῳ δ᾽ ὡς πρῶτα πατὴρ ὠδύσσατο θυμῷ
Κόττῳ τ᾽ ἠδὲ Γύγῃ, δῆσε κρατερῷ ἐνὶ δεσμῷ,
ἠνορέην ὑπέροπλον ἀγώμενος ἠδὲ καὶ εἶδος
620 καὶ μέγεθος· κατένασσε δ᾽ ὑπὸ χθονὸς εὐρυοδείης.
ἔνθ᾽ οἵ γ᾽ ἄλγε᾽ ἔχοντες ὑπὸ χθονὶ ναιετάοντες
εἷατ᾽ ἐπ᾽ ἐσχατιῇ μεγάλης ἐν πείρασι γαίης
δηθὰ μάλ᾽ ἀχνύμενοι, κραδίῃ μέγα πένθος ἔχοντες.
ἀλλά σφεας Κρονίδης τε καὶ ἀθάνατοι θεοὶ ἄλλοι
625 οὓς τέκεν ἠΰκομος Ῥείη Κρόνου ἐν φιλότητι
Γαίης φραδμοσύνῃσιν ἀνήγαγον ἐς φάος αὖτις·
αὐτὴ γάρ σφιν ἅπαντα διηνεκέως κατέλεξε,
σὺν κείνοις νίκην τε καὶ ἀγλαὸν εὖχος ἀρέσθαι.
δηρὸν γὰρ μάρναντο πόνον θυμαλγέ᾽ ἔχοντες
630 ἀντίον ἀλλήλοισι διὰ κρατερὰς ὑσμίνας

aflitivos. E outro mal forneceu pelo bem:
quem das bodas fugir e dos feitos devastadores das mulheres
e não quiser casar, atingirá velhice ruinosa
carente de quem o cuide; não privado de sustento   605
vive, mas, ao perecer, dividem seus recursos
parentes distantes. Já quem partilhar do casamento
e obtiver consorte devotada, ajustada em suas ideias,
para ele, dês a juventude, o mal contrabalança o bem
sempre; e quem encontrar espécie insultante,   610
vive com irritação incessante no íntimo,
no ânimo e no coração, e o mal é incurável.

Assim não se pode lograr nem ultrapassar a mente de Zeus.
Pois nem o filho de Jápeto, o benéfico Prometeu,
se esquivou de sua raiva pesada, mas, sob coação,   615
embora multi-perspicaz, grande laço o subjuga.

Assim que o pai teve ódio no ânimo por Obriareu,
Coto e Giges, prendeu-os em laço forte,
irritado com a virilidade insolente, a aparência
e a altura; e alocou-os embaixo da terra largas-rotas.   620
Lá eles, que sofriam habitando sob a terra,
estavam sentados na ponta, nos limites da grande terra,
há muito angustiados com grande pesar no coração.
Mas a eles o Cronida e outros deuses imortais,
os que Reia belas-tranças pariu em amor por Crono,   625
graças ao plano de Terra, levaram de volta à luz:
ela tudo lhes contara, do início ao fim,
como com aqueles obter vitória e triunfo radiante.
Pois muito tempo lutaram em pugna aflige-ânimo,
uns contra os outros em batalhas brutais,   630

---

603 devastadores] busca traduzir *mermera*, um termo de sentido algo incerto.
614 benéfico Prometeu,] o sentido do epíteto grego traduzido por "benéfico"
é, na verdade, obscuro.

Τιτῆνές τε θεοὶ καὶ ὅσοι Κρόνου ἐξεγένοντο,
οἱ μὲν ἀφ᾽ ὑψηλῆς Ὄθρυος Τιτῆνες ἀγανοί,
οἱ δ᾽ ἄρ᾽ ἀπ᾽ Οὐλύμποιο θεοὶ δωτῆρες ἑάων
οὓς τέκεν ἠΰκομος Ῥείη Κρόνῳ εὐνηθεῖσα.
635 οἵ ῥα τότ᾽ ἀλλήλοισι πόνον θυμαλγέ᾽ ἔχοντες
συνεχέως ἐμάχοντο δέκα πλείους ἐνιαυτούς·
οὐδέ τις ἦν ἔριδος χαλεπῆς λύσις οὐδὲ τελευτὴ
οὐδετέροις, ἶσον δὲ τέλος τέτατο πτολέμοιο.

ἀλλ᾽ ὅτε δὴ κείνοισι παρέσχεθεν ἄρμενα πάντα,
640 νέκταρ τ᾽ ἀμβροσίην τε, τά περ θεοὶ αὐτοὶ ἔδουσι,
πάντων <τ᾽> ἐν στήθεσσιν ἀέξετο θυμὸς ἀγήνωρ,
ὡς νέκταρ τ᾽ ἐπάσαντο καὶ ἀμβροσίην ἐρατεινήν,
δὴ τότε τοῖς μετέειπε πατὴρ ἀνδρῶν τε θεῶν τε·
'' κέκλυτέ μευ Γαίης τε καὶ Οὐρανοῦ ἀγλαὰ τέκνα,
645 ὄφρ᾽ εἴπω τά με θυμὸς ἐνὶ στήθεσσι κελεύει.
ἤδη γὰρ μάλα δηρὸν ἐναντίοι ἀλλήλοισι
νίκης καὶ κάρτευς πέρι μαρνάμεθ᾽ ἤματα πάντα,
Τιτῆνές τε θεοὶ καὶ ὅσοι Κρόνου ἐκγενόμεσθα.
ὑμεῖς δὲ μεγάλην τε βίην καὶ χεῖρας ἀάπτους
650 φαίνετε Τιτήνεσσιν ἐναντίον ἐν δαῖ λυγρῇ,
μνησάμενοι φιλότητος ἐνηέος, ὅσσα παθόντες
ἐς φάος ἂψ ἀφίκεσθε δυσηλεγέος ὑπὸ δεσμοῦ
ἡμετέρας διὰ βουλὰς ὑπὸ ζόφου ἠερόεντος. ''

ὣς φάτο· τὸν δ᾽ αἶψ᾽ αὖτις ἀμείβετο Κόττος ἀμύμων·
655 '' δαιμόνι᾽, οὐκ ἀδάητα πιφαύσκεαι, ἀλλὰ καὶ αὐτοὶ
ἴδμεν ὅ τοι περὶ μὲν πραπίδες, περὶ δ᾽ ἐστὶ νόημα,
ἀλκτὴρ δ᾽ ἀθανάτοισιν ἀρῆς γένεο κρυεροῖο,
σῇσι δ᾽ ἐπιφροσύνῃσιν ὑπὸ ζόφου ἠερόεντος
ἄψορρον ἐξαῦτις ἀμειλίκτων ὑπὸ δεσμῶν

os deuses Titãs e todos os que nasceram de Crono,
aqueles a partir do alto Otris, os ilustres Titãs,
estes a partir do Olimpo, os deuses oferentes de bens,
os que pariu Reia belas-tranças deitada com Crono.
Eles então entre si, em pugna aflige-ânimo,   635
sem parar pelejaram dez anos inteiros;
solução não havia para a dura briga, nem fim
para lado algum, e o remate da guerra se equilibrava.

Mas quando, vê, ofertou-lhes tudo que é adequado,
néctar e ambrosia, o que comem os próprios deuses,   640
e no íntimo de todos avolumou-se o ânimo arrogante
quando comeram o néctar e a desejável ambrosia,
nisso então entre eles falou o pai de deuses e homens:
"Ouvi-me, filhos radiantes de Terra e Céu,
para eu dizer o que o ânimo no peito me ordena.   645
Já muito tempo uns contra os outros
pela vitória e poder combatemos todo dia,
os deuses Titãs e todos os que nascemos de Crono.
Vós grande força e mãos intocáveis
mostrai em oposição aos Titãs no prélio funesto   650
ao se lembrar da amizade afável, quanto sofreram
e de novo a luz alcançaram, soltos do laço tenebroso
graças a nossos desígnios, vindos das trevas brumosas".

Assim falou; logo lhe respondeu o impecável Coto:
"Honorável, não anuncias algo ignoto, mas também nós   655
sabemos que sobressais no discernimento e na ideia,
e te tornaste protetor dos imortais contra dano gelado,
e com tua sagacidade, vindos das trevas brumosas,
de volta de novo, dos laços inamáveis,

637 para a dura briga,] a saber, Coto, Obriareu e Giges.   **642** quando
comeram o néctar e a desejável ambrosia,] diversos editores deletam o verso.

81

660 ἠλύθομεν, Κρόνου υἱὲ ἄναξ, ἀνάελπτα παθόντες.
τῶ καὶ νῦν ἀτενεῖ τε νόῳ καὶ πρόφρονι θυμῷ
ῥυσόμεθα κράτος ὑμὸν ἐν αἰνῇ δηιοτῆτι,
μαρνάμενοι Τιτῆσιν ἀνὰ κρατερὰς ὑσμίνας.''
ὣς φάτ'· ἐπήνησαν δὲ θεοὶ δωτῆρες ἐάων
665 μῦθον ἀκούσαντες· πολέμου δ' ἐλιλαίετο θυμὸς
μᾶλλον ἔτ' ἢ τὸ πάροιθε· μάχην δ' ἀμέγαρτον ἔγειραν
πάντες, θήλειαί τε καὶ ἄρσενες, ἤματι κείνῳ,
Τιτῆνές τε θεοὶ καὶ ὅσοι Κρόνου ἐξεγένοντο,
οὕς τε Ζεὺς ἐρέβεσφιν ὑπὸ χθονὸς ἧκε φόωσδε,
670 δεινοί τε κρατεροί τε, βίην ὑπέροπλον ἔχοντες.
τῶν ἑκατὸν μὲν χεῖρες ἀπ' ὤμων ἀίσσοντο
πᾶσιν ὁμῶς, κεφαλαὶ δὲ ἑκάστῳ πεντήκοντα
ἐξ ὤμων ἐπέφυκον ἐπὶ στιβαροῖσι μέλεσσιν.
οἳ τότε Τιτήνεσσι κατέσταθεν ἐν δαῒ λυγρῇ
675 πέτρας ἠλιβάτους στιβαρῆς ἐν χερσὶν ἔχοντες·
Τιτῆνες δ' ἑτέρωθεν ἐκαρτύναντο φάλαγγας
προφρονέως· χειρῶν τε βίης θ' ἅμα ἔργον ἔφαινον
ἀμφότεροι, δεινὸν δὲ περίαχε πόντος ἀπείρων,
γῆ δὲ μέγ' ἐσμαράγησεν, ἐπέστενε δ' οὐρανὸς εὐρὺς
680 σειόμενος, πεδόθεν δὲ τινάσσετο μακρὸς Ὄλυμπος
ῥιπῇ ὕπ' ἀθανάτων, ἔνοσις δ' ἵκανε βαρεῖα
τάρταρον ἠερόεντα ποδῶν αἰπεῖά τ' ἰωὴ
ἀσπέτου ἰωχμοῖο βολάων τε κρατεράων.
ὣς ἄρ' ἐπ' ἀλλήλοις ἵεσαν βέλεα στονόεντα·
685 φωνὴ δ' ἀμφοτέρων ἵκετ' οὐρανὸν ἀστερόεντα
κεκλομένων· οἱ δὲ ξύνισαν μεγάλῳ ἀλαλητῷ.

οὐδ' ἄρ' ἔτι Ζεὺς ἴσχεν ἑὸν μένος, ἀλλά νυ τοῦ γε
εἶθαρ μὲν μένεος πλῆντο φρένες, ἐκ δέ τε πᾶσαν
φαῖνε βίην· ἄμυδις δ' ἄρ' ἀπ' οὐρανοῦ ἠδ' ἀπ' Ὀλύμπου
690 ἀστράπτων ἔστειχε συνωχαδόν, οἱ δὲ κεραυνοὶ
ἴκταρ ἅμα βροντῇ τε καὶ ἀστεροπῇ ποτέοντο

82

viemos, senhor Cronida, após sofrer o inesperado. 660
Assim também agora, com ideia tenaz e ânimo resoluto,
protegeremos vosso poder na refrega terrível,
combatendo os Titãs nas batalhas brutais".
Assim falou; e aprovaram os deuses oferentes de bens
o discurso após o ouvir: à peleja almejou seu ânimo 665
mais ainda que antes; e à luta não invejável acordaram
todos, fêmeas e machos, naquele dia,
os deuses Titãs e todos os que nasceram de Crono,
e os que Zeus da escuridão, sob a terra, à luz enviou,
terríveis e brutais, com força insolente. 670
De seus ombros cem braços se lançavam,
igual para todos, e cabeças, em cada um, cinquenta
nasceram dos ombros sobre os membros robustos.
Contra os Titãs então se postaram no prélio funesto
com rochas alcantiladas nas mãos robustas; 675
os Titãs, do outro lado, revigoraram suas falanges
com afã: ação conjunta de braços e de força mostraram
ambos, e o mar sem-fim em volta rugia, terrível,
e a terra, alto, ribombava, e gemia o amplo céu
sacudido, e tremia do fundo o enorme Olimpo 680
com o arremesso dos imortais, e tremor atingia, pesado,
dos pés, o Tártaro brumoso, bem como agudo zunido
do fragor indizível e dos arremessos brutais.
Assim uns nos outros lançavam projéteis desoladores;
alcançava o céu estrelado o som de ambas as partes, 685
das exortações; e se chocaram com grande algaraviada.

E Zeus não mais conteve seu ímpeto, mas dele agora
de pronto o peito se encheu de ímpeto, e toda
a força mostrou. Ao mesmo tempo, do céu e do Olimpo
relampejando, progrediu sem parar, e os raios 690
em profusão, com trovão e relâmpago, voavam

χειρὸς ἄπο στιβαρῆς, ἱερὴν φλόγα εἰλυφόωντες,
ταρφέες· ἀμφὶ δὲ γαῖα φερέσβιος ἐσμαράγιζε
καιομένη, λάκε δ᾽ ἀμφὶ περὶ μεγάλ᾽ ἄσπετος ὕλη·
695 ἔζεε δὲ χθὼν πᾶσα καὶ Ὠκεανοῖο ῥέεθρα
πόντός τ᾽ ἀτρύγετος· τοὺς δ᾽ ἄμφεπε θερμὸς ἀυτμὴ
Τιτῆνας χθονίους, φλὸξ δ᾽ αἰθέρα δῖαν ἵκανεν
ἄσπετος, ὄσσε δ᾽ ἄμερδε καὶ ἰφθίμων περ ἐόντων
αὐγὴ μαρμαίρουσα κεραυνοῦ τε στεροπῆς τε.
700 καῦμα δὲ θεσπέσιον κάτεχεν χάος· εἴσατο δ᾽ ἄντα
ὀφθαλμοῖσιν ἰδεῖν ἠδ᾽ οὔασιν ὄσσαν ἀκοῦσαι
αὔτως, ὡς ὅτε γαῖα καὶ οὐρανὸς εὐρὺς ὕπερθε
πίλνατο· τοῖος γάρ κε μέγας ὑπὸ δοῦπος ὀρώρει,
τῆς μὲν ἐρειπομένης, τοῦ δ᾽ ὑψόθεν ἐξεριπόντος·
705 τόσσος δοῦπος ἔγεντο θεῶν ἔριδι ξυνιόντων.
σὺν δ᾽ ἄνεμοι ἔνοσίν τε κονίην τ᾽ ἐσφαράγιζον
βροντήν τε στεροπήν τε καὶ αἰθαλόεντα κεραυνόν,
κῆλα Διὸς μεγάλοιο, φέρον δ᾽ ἰαχήν τ᾽ ἐνοπήν τε
ἐς μέσον ἀμφοτέρων· ὄτοβος δ᾽ ἄπλητος ὀρώρει
710 σμερδαλέης ἔριδος, κάρτευς δ᾽ ἀνεφαίνετο ἔργον.

ἐκλίνθη δὲ μάχη· πρὶν δ᾽ ἀλλήλοις ἐπέχοντες
ἐμμενέως ἐμάχοντο διὰ κρατερὰς ὑσμίνας.
οἱ δ᾽ ἄρ᾽ ἐνὶ πρώτοισι μάχην δριμεῖαν ἔγειραν,
Κόττος τε Βριάρεώς τε Γύγης τ᾽ ἄατος πολέμοιο·
715 οἵ ῥα τριηκοσίας πέτρας στιβαρέων ἀπὸ χειρῶν
πέμπον ἐπασσυτέρας, κατὰ δ᾽ ἐσκίασαν βελέεσσι
Τιτῆνας· καὶ τοὺς μὲν ὑπὸ χθονὸς εὐρυοδείης
πέμψαν καὶ δεσμοῖσιν ἐν ἀργαλέοισιν ἔδησαν,
νικήσαντες χερσὶν ὑπερθύμους περ ἐόντας,
720 τόσσον ἔνερθ᾽ ὑπὸ γῆς ὅσον οὐρανός ἐστ᾽ ἀπὸ γαίης·

τόσσον γάρ τ᾽ ἀπὸ γῆς ἐς τάρταρον ἠερόεντα.

84

de sua mão robusta, revolvendo a sagrada chama,
em massa. Em volta, ribombava a terra traz-víveres,
queimando, e, no entorno, alto chiava mato incontável.
Todo o solo fervia, as correntes de Oceano   695
e o mar ruidoso; a eles rodeava o bafo quente,
aos terrestres Titãs, e chama alcançou a bruma divina,
indizível, e aos olhos deles, embora altivos, cegou
a luz cintilante do raio e do relâmpago.
Prodigiosa queimada ocupou o abismo; parecia, em face   700
olhando-se com olhos e com ouvidos ouvindo-se o rumor,
assim como quando Terra e o amplo Céu acima
se reuniram: tal ressoo, enorme, subiu,
ela pressionada e ele, do alto, pressionando —
tamanho baque quando os deuses se chocaram na briga.   705
Junto, ventos engrossavam o tremor, a poeira,
trovão, raio e relâmpago em fogo,
setas do grande Zeus, e levavam grito e assuada
ao meio de ambas as partes: veio imenso clangor
da briga aterrorizante, e o feito do poder se mostrou.   710

     E a batalha se inclinou; antes, com avanços recíprocos,
pelejavam sem cessar em batalhas audazes.
Estes, entre os da frente, acordaram peleja lancinante,
Coto, Briareu e Giges, insaciável na guerra:
eles trezentas pedras de suas mãos robustas   715
enviavam em sucessão, e com os projéteis sombrearam
os Titãs; e a eles para baixo da terra largas-rotas
enviaram e com laços aflitivos prenderam,
após vencê-los no braço, embora autoconfiantes,
tão longe abaixo da terra quanto o céu está da terra.   720

     Tal a distância da terra até o Tártaro brumoso.

700 abismo;] ou "Abismo".

ἐννέα γὰρ νύκτας τε καὶ ἤματα χάλκεος ἄκμων
οὐρανόθεν κατιών, δεκάτῃ κ᾽ ἐς γαῖαν ἵκοιτο·
[ἶσον δ᾽ αὖτ᾽ ἀπὸ γῆς ἐς τάρταρον ἠερόεντα·]
ἐννέα δ᾽ αὖ νύκτας τε καὶ ἤματα χάλκεος ἄκμων
725 ἐκ γαίης κατιών, δεκάτῃ κ᾽ ἐς τάρταρον ἵκοι.
τὸν πέρι χάλκεον ἕρκος ἐλήλαται· ἀμφὶ δέ μιν νὺξ
τριστοιχὶ κέχυται περὶ δειρήν· αὐτὰρ ὕπερθε
γῆς ῥίζαι πεφύασι καὶ ἀτρυγέτοιο θαλάσσης.

ἔνθα θεοὶ Τιτῆνες ὑπὸ ζόφῳ ἠερόεντι
730 κεκρύφαται βουλῇσι Διὸς νεφεληγερέταο,
χώρῳ ἐν εὐρώεντι, πελώρης ἔσχατα γαίης.
τοῖς οὐκ ἐξιτόν ἐστι, θύρας δ᾽ ἐπέθηκε Ποσειδέων
χαλκείας, τεῖχος δ᾽ ἐπελήλαται ἀμφοτέρωθεν.

ἔνθα Γύγης Κόττος τε καὶ Ὀβριάρεως μεγάθυμος
735 ναίουσιν, φύλακες πιστοὶ Διὸς αἰγιόχοιο.

ἔνθα δὲ γῆς δνοφερῆς καὶ ταρτάρου ἠερόεντος
πόντου τ᾽ ἀτρυγέτοιο καὶ οὐρανοῦ ἀστερόεντος
ἑξείης πάντων πηγαὶ καὶ πείρατ᾽ ἔασιν,
ἀργαλέ᾽ εὐρώεντα, τά τε στυγέουσι θεοί περ·
740 χάσμα μέγ᾽, οὐδέ κε πάντα τελεσφόρον εἰς ἐνιαυτὸν
οὖδας ἵκοιτ᾽, εἰ πρῶτα πυλέων ἔντοσθε γένοιτο,
ἀλλά κεν ἔνθα καὶ ἔνθα φέροι πρὸ θύελλα θυέλλης
ἀργαλέη· δεινὸν δὲ καὶ ἀθανάτοισι θεοῖσι
τοῦτο τέρας· καὶ Νυκτὸς ἐρεμνῆς οἰκία δεινὰ
745 ἕστηκεν νεφέλης κεκαλυμμένα κυανέῃσι.

τῶν πρόσθ᾽ Ἰαπετοῖο πάις ἔχει οὐρανὸν εὐρὺν
ἑστηὼς κεφαλῇ τε καὶ ἀκαμάτῃσι χέρεσσιν
ἀστεμφέως, ὅθι Νύξ τε καὶ Ἡμέρη ἆσσον ἰοῦσαι
ἀλλήλας προσέειπον ἀμειβόμεναι μέγαν οὐδὸν

Pois por nove noites e dias bigorna de bronze,
caindo do céu, no décimo a terra alcançaria;
[por sua vez, igual da terra até o Tártaro brumoso.]
De novo, por nove noites e dias bigorna de bronze,
da terra caindo, no décimo o Tártaro alcançaria.   725
Em volta dele, corre muro de bronze; no entorno, noite
camada-tripla derrama-se em volta da garganta; acima,
crescem as raízes da terra e do mar ruidoso.

Para lá os deuses Titãs, sob brumosa escuridão,
foram removidos pelos desígnios de Zeus junta-nuvem,   730
em região bolorenta, extremos da terra portentosa.
É-lhes impossível sair, Posêidon fixou portões
de bronze, e muralha corre para os dois lados.

Lá Giges, Coto e o animoso Obriareu
habitam, fiéis guardiões de Zeus porta-égide.   735

Lá da terra escura, do Tártaro brumoso,
do mar ruidoso e do céu estrelado
as fontes e limites, de tudo, em ordem estão,
aflitivos, bolorentos, aos quais até os deuses odeiam;
grande fenda, e nem no ciclo de um ano inteiro   740
alguém atingiria o chão, os portões uma vez cruzados,
mas p'ra lá e p'ra cá o levaria rajada após rajada,
aflitiva: assombroso é também para deuses imortais
esse prodígio; e a morada assombrosa de Noite
está de pé, escondida em nuvem cobalto.   745

Na frente, o filho de Jápeto sustém o amplo céu,
parado, com a cabeça e braços incansáveis,
imóvel, onde Noite e Dia passam perto
e falam entre si ao cruzarem o grande umbral

723 por sua vez, igual da terra até o Tártaro brumoso.] a maioria dos editores rejeita esse verso.

χάλκεον· ἡ μὲν ἔσω καταβήσεται, ἡ δὲ θύραζε
ἔρχεται, οὐδέ ποτ᾽ ἀμφοτέρας δόμος ἐντὸς ἐέργει,
ἀλλ᾽ αἰεὶ ἑτέρη γε δόμων ἔκτοσθεν ἐοῦσα
γαῖαν ἐπιστρέφεται, ἡ δ᾽ αὖ δόμου ἐντὸς ἐοῦσα
μίμνει τὴν αὐτῆς ὥρην ὁδοῦ, ἔστ᾽ ἂν ἵκηται·
ἡ μὲν ἐπιχθονίοισι φάος πολυδερκὲς ἔχουσα,
ἡ δ᾽ Ὕπνον μετὰ χερσί, κασίγνητον Θανάτοιο,
Νὺξ ὀλοή, νεφέλῃ κεκαλυμμένη ἠεροειδεῖ.

ἔνθα δὲ Νυκτὸς παῖδες ἐρεμνῆς οἰκί᾽ ἔχουσιν,
Ὕπνος καὶ Θάνατος, δεινοὶ θεοί· οὐδέ ποτ᾽ αὐτοὺς
Ἥλιος φαέθων ἐπιδέρκεται ἀκτίνεσσιν
οὐρανὸν εἰσανιὼν οὐδ᾽ οὐρανόθεν καταβαίνων.
τῶν ἕτερος μὲν γῆν τε καὶ εὐρέα νῶτα θαλάσσης
ἥσυχος ἀνστρέφεται καὶ μείλιχος ἀνθρώποισι,
τοῦ δὲ σιδηρέη μὲν κραδίη, χάλκεον δέ οἱ ἦτορ
νηλεὲς ἐν στήθεσσιν· ἔχει δ᾽ ὃν πρῶτα λάβῃσιν
ἀνθρώπων· ἐχθρὸς δὲ καὶ ἀθανάτοισι θεοῖσιν.

ἔνθα θεοῦ χθονίου πρόσθεν δόμοι ἠχήεντες
ἰφθίμου τ᾽ Ἀΐδεω καὶ ἐπαινῆς Περσεφονείης
ἑστᾶσιν, δεινὸς δὲ κύων προπάροιθε φυλάσσει,
νηλειής, τέχνην δὲ κακὴν ἔχει· ἐς μὲν ἰόντας
σαίνει ὁμῶς οὐρῇ τε καὶ οὔασιν ἀμφοτέροισιν,
ἐξελθεῖν δ᾽ οὐκ αὖτις ἐᾷ πάλιν, ἀλλὰ δοκεύων
ἐσθίει, ὅν κε λάβῃσι πυλέων ἔκτοσθεν ἰόντα.
ἰφθίμου τ᾽ Ἀΐδεω καὶ ἐπαινῆς Περσεφονείης.

ἔνθα δὲ ναιετάει στυγερὴ θεὸς ἀθανάτοισι,
δεινὴ Στύξ, θυγάτηρ ἀψορρόου Ὠκεανοῖο
πρεσβυτάτη· νόσφιν δὲ θεῶν κλυτὰ δώματα ναίει

de bronze: uma entra e a outra pela porta   750
vai, e nunca a ambas a casa dentro encerra,
mas sempre uma delas deixa a casa
e à terra se dirige, e a outra na casa fica
e, até aquela chegar, aguarda a sua hora de ir.
Uma, para os mortais na terra, tem luz muito-observa;   755
a outra tem nas mãos Sono, irmão de Morte,
a ruinosa Noite, escondida em nuvem embaçada.

Lá habitam os filhos da lúgubre Noite,
Sono e Morte, deuses terríveis; nunca a eles
Sol, alumiando, observa com os raios   760
quando sobe ao céu nem quando desce do céu.
Deles, um à terra e ao largo dorso do mar,
calmo, se dirige, amável para os homens,
e do outro o ânimo é de ferro, e de bronze, seu coração
impiedoso no peito: segura assim que pega algum   765
dos homens; é odioso até aos deuses imortais.

Lá na frente, a morada ruidosa do deus terrestre,
o altivo Hades, e da atroz Perséfone
está de pé, e terrível cão vigia na frente,
impiedoso, com arte vil: para quem entra,   770
abana por igual o rabo e as duas orelhas
e não permite que de volta saia, mas, ao perceber,
come quem pegar saindo pelos portões
do altivo Hades e da atroz Perséfone.

Lá habita a deusa, estigma para os imortais,   775
a terrível Estige, filha de Oceano flui-de-volta,
primogênita: longe dos deuses, habita casa gloriosa

768-774 o altivo … Perséfone] versos iguais; ambos são prováveis interpola-
ções.   775 estigma] procura reproduzir a sugestão poética de que "Estige",
Stux, derivaria de "odioso", *stugeros*; no grego, "odioso para os imortais".

μακρῇσιν πέτρῃσι κατηρεφέ'· ἀμφὶ δὲ πάντῃ
κίοσιν ἀργυρέοισι πρὸς οὐρανὸν ἐστήρικται.
780 παῦρα δὲ Θαύμαντος θυγάτηρ πόδας ὠκέα Ἶρις
ἀγγελίῃ πωλεῖται ἐπ' εὐρέα νῶτα θαλάσσης.
ὁππότ' ἔρις καὶ νεῖκος ἐν ἀθανάτοισιν ὄρηται,
καί ῥ' ὅστις ψεύδηται Ὀλύμπια δώματ' ἐχόντων,
Ζεὺς δέ τε Ἶριν ἔπεμψε θεῶν μέγαν ὅρκον ἐνεῖκαι
785 τηλόθεν ἐν χρυσέῃ προχόῳ πολυώνυμον ὕδωρ,
ψυχρόν, ὅ τ' ἐκ πέτρης καταλείβεται ἠλιβάτοιο
ὑψηλῆς· πολλὸν δὲ ὑπὸ χθονὸς εὐρυοδείης
ἐξ ἱεροῦ ποταμοῖο ῥέει διὰ νύκτα μέλαιναν·
Ὠκεανοῖο κέρας, δεκάτη δ' ἐπὶ μοῖρα δέδασται·
790 ἐννέα μὲν περὶ γῆν τε καὶ εὐρέα νῶτα θαλάσσης
δίνῃς ἀργυρέῃς εἰλιγμένος εἰς ἅλα πίπτει,
ἡ δὲ μί' ἐκ πέτρης προρέει, μέγα πῆμα θεοῖσιν.
ὅς κεν τὴν ἐπίορκον ἀπολλείψας ἐπομόσσῃ
ἀθανάτων οἳ ἔχουσι κάρη νιφόεντος Ὀλύμπου,
795 κεῖται νήυτμος τετελεσμένον εἰς ἐνιαυτόν·
οὐδέ ποτ' ἀμβροσίης καὶ νέκταρος ἔρχεται ἆσσον
βρώσιος, ἀλλά τε κεῖται ἀνάπνευστος καὶ ἄναυδος
στρωτοῖς ἐν λεχέεσσι, κακὸν δ' ἐπὶ κῶμα καλύπτει.
αὐτὰρ ἐπὴν νοῦσον τελέσει μέγαν εἰς ἐνιαυτόν,
800 ἄλλος δ' ἐξ ἄλλου δέχεται χαλεπώτερος ἆθλος·
εἰνάετες δὲ θεῶν ἀπαμείρεται αἰὲν ἐόντων,
οὐδέ ποτ' ἐς βουλὴν ἐπιμίσγεται οὐδ' ἐπὶ δαῖτας
ἐννέα πάντ' ἔτεα· δεκάτῳ δ' ἐπιμίσγεται αὖτις
εἴρας ἐς ἀθανάτων οἳ Ὀλύμπια δώματ' ἔχουσι.
805 τοῖον ἄρ' ὅρκον ἔθεντο θεοὶ Στυγὸς ἄφθιτον ὕδωρ,
ὠγύγιον· τὸ δ' ἵησι καταστυφέλου διὰ χώρου.

ἔνθα δὲ γῆς δνοφερῆς καὶ ταρτάρου ἠερόεντος
πόντου τ' ἀτρυγέτοιο καὶ οὐρανοῦ ἀστερόεντος
ἐξείης πάντων πηγαὶ καὶ πείρατ' ἔασιν,

com abóboda de grandes pedras; em todo seu entorno,
colunas de prata a sustentam rumo ao céu.
Raramente a filha de Taumas, a velocípede Íris,   780
vem com mensagem sobre o largo dorso do mar.
Quando briga e disputa se instaura entre imortais,
e se mente um dos que têm morada olímpia,
Zeus envia Íris para trazer a grande jura dos deuses
de longe, em jarra de ouro, a renomada água,   785
gelada, que goteja de rocha alcantilada,
elevada: do fundo da terra largas-rotas, muito
flui do sacro rio através da negra noite —
braço de Oceano, e a décima parte a ela foi atribuída;
nove partes, em torno da terra e do largo dorso do mar,   790
com remoinho prateado ele gira e cai no mar,
e ela, uma só, da rocha flui, grande aflição dos deuses.
Quem, com ela tendo libado, jurar em falso,
um imortal dos que possuem o pico do Olimpo nevado,
esse jaz sem respirar até um ano se completar;   795
nunca de ambrosia e néctar se aproxima
quanto à comida, mas jaz sem fôlego e sem voz
num leito estendido, e sono vil o encobre.
Após cumprir a praga no grande dia ao fim do ciclo,
a essa prova segue outra ainda mais cruel: 800
por nove anos, é privado dos deuses sempre vivos,
e nunca se junta a eles em conselho ou banquete
por nove anos inteiros; no décimo, se junta de novo
às reuniões dos imortais que têm morada olímpia.
Tal jura os deuses fizeram da água eterna de Estige,   805
primeva; e ela flui através da terra escarpada.

   Lá da terra escura, do Tártaro brumoso,
do mar ruidoso e do céu estrelado
as raízes e limites, de tudo, em ordem estão,

810 ἀργαλέ᾽ εὐρώεντα, τά τε στυγέουσι θεοί περ.

ἔνθα δὲ μαρμάρεαί τε πύλαι καὶ χάλκεος οὐδός,
ἀστεμφὲς ῥίζῃσι διηνεκέεσσιν ἀρηρώς,
αὐτοφυής· πρόσθεν δὲ θεῶν ἔκτοσθεν ἁπάντων
Τιτῆνες ναίουσι, πέρην χάεος ζοφεροῖο.
815 αὐτὰρ ἐρισμαράγοιο Διὸς κλειτοὶ ἐπίκουροι
δώματα ναιετάουσιν ἐπ᾽ Ὠκεανοῖο θεμέθλοις,
Κόττος τ᾽ ἠδὲ Γύγης· Βριάρεών γε μὲν ἠὺν ἐόντα
γαμβρὸν ἑὸν ποίησε βαρύκτυπος Ἐννοσίγαιος,
δῶκε δὲ Κυμοπόλειαν ὀπυίειν, θυγατέρα ἥν.

820   αὐτὰρ ἐπεὶ Τιτῆνας ἀπ᾽ οὐρανοῦ ἐξέλασε Ζεῦς,
ὁπλότατον τέκε παῖδα Τυφωέα Γαῖα πελώρη
Ταρτάρου ἐν φιλότητι διὰ χρυσῆν Ἀφροδίτην·
οὗ χεῖρες †μὲν ἔασιν ἐπ᾽ ἰσχύι ἔργματ᾽ ἔχουσαι,†
καὶ πόδες ἀκάματοι κρατεροῦ θεοῦ· ἐκ δέ οἱ ὤμων
825 ἦν ἑκατὸν κεφαλαὶ ὄφιος δεινοῖο δράκοντος,
γλώσσῃσι δνοφερῇσι λελιχμότες· ἐκ δέ οἱ ὄσσων
θεσπεσίης κεφαλῇσιν ὑπ᾽ ὀφρύσι πῦρ ἀμάρυσσεν·
πασέων δ᾽ ἐκ κεφαλέων πῦρ καίετο δερκομένοιο·
φωναὶ δ᾽ ἐν πάσῃσιν ἔσαν δεινῆς κεφαλῇσι,
830 παντοίην ὄπ᾽ ἰεῖσαι ἀθέσφατον· ἄλλοτε μὲν γὰρ
φθέγγονθ᾽ ὥς τε θεοῖσι συνιέμεν, ἄλλοτε δ᾽ αὖτε
ταύρου ἐριβρύχεω μένος ἀσχέτου ὄσσαν ἀγαύρου,
ἄλλοτε δ᾽ αὖτε λέοντος ἀναιδέα θυμὸν ἔχοντος,
ἄλλοτε δ᾽ αὖ σκυλάκεσσιν ἐοικότα, θαύματ᾽ ἀκοῦσαι,
835 ἄλλοτε δ᾽ αὖ ῥοίζεσχ᾽, ὑπὸ δ᾽ ἤχεεν οὔρεα μακρά.
καί νύ κεν ἔπλετο ἔργον ἀμήχανον ἤματι κείνῳ,
καί κεν ὅ γε θνητοῖσι καὶ ἀθανάτοισιν ἄναξεν,
εἰ μὴ ἄρ᾽ ὀξὺ νόησε πατὴρ ἀνδρῶν τε θεῶν τε·
σκληρὸν δ᾽ ἐβρόντησε καὶ ὄβριμον, ἀμφὶ δὲ γαῖα

aflitivos, bolorentos, aos quais até os deuses odeiam.   810

Lá ficam os portões luzidios e o umbral de bronze,
ajustados, imóveis, com raízes contínuas,
naturais; na frente, longe de todos os deuses,
habitam os Titãs, para lá do abismo penumbroso.
E os gloriosos aliados de Zeus troveja-alto   815
habitam casas nos fundamentos de Oceano,
Coto e Giges; quanto a Briareu, sendo valoroso,
fez dele seu genro Agita-a-Terra grave-ressoo,
e deu-lhe Flanonda, sua filha, para desposar.

Mas depois que Zeus expulsou os Titãs do céu,   820
pariu Tifeu, o filho mais novo, a portentosa Terra
em amor por Tártaro devido à dourada Afrodite:
dele, os braços †façanhas seguram sobre a energia†,
e são incansáveis os pés do deus brutal; de seus ombros
havia cem cabeças de cobra, brutal serpente,   825
movendo escuras línguas; de seus olhos,
nas cabeças prodigiosas, fogo sob as celhas luzia,
e de toda a cabeça fogo queimava ao fixar o olhar.
Vozes havia em toda cabeça assombrosa,
som de todo tipo emitindo, ilimitado: ora   830
soavam como se para deuses entenderem, ora
voz de touro guincho-alto, ímpeto incontido, altivo,
ora, por sua vez, a de leão de ânimo insolente,
ora semelhante a cachorrinhos, assombro de se ouvir,
ora sibilava, e, abaixo, grandes montanhas ecoavam.   835
Feito impossível teria havido naquele dia,
e ele de mortais e imortais teria se tornado senhor,
se não tivesse notado, arguto, o pai de varões e deuses:
trovejou de forma dura e ponderosa, em torno a terra

819 Flanonda,] *Kumopoleia.* **823** façanhas seguram sobre a energia] verso
corrupto.

93

840 σμερδαλέον κονάβησε καὶ οὐρανὸς εὐρὺς ὕπερθε
πόντός τ᾽ Ὠκεανοῦ τε ῥοαὶ καὶ Τάρταρα γαίης.
ποσσὶ δ᾽ ὕπ᾽ ἀθανάτοισι μέγας πελεμίζετ᾽ Ὄλυμπος
ὀρνυμένοιο ἄνακτος· ἐπεστονάχιζε δὲ γαῖα.
καῦμα δ᾽ ὕπ᾽ ἀμφοτέρων κάτεχεν ἰοειδέα πόντον
845 βροντῆς τε στεροπῆς τε πυρός τ᾽ ἀπὸ τοῖο πελώρου
πρηστήρων ἀνέμων τε κεραυνοῦ τε φλεγέθοντος·
ἔζεε δὲ χθὼν πᾶσα καὶ οὐρανὸς ἠδὲ θάλασσα·
θῦε δ᾽ ἄρ᾽ ἀμφ᾽ ἀκτὰς περί τ᾽ ἀμφί τε κύματα μακρὰ
ῥιπῇ ὕπ᾽ ἀθανάτων, ἔνοσις δ᾽ ἄσβεστος ὀρώρει·
850 τρέε δ᾽ Ἀίδης ἐνέροισι καταφθιμένοισιν ἀνάσσων
Τιτῆνές θ᾽ ὑποταρτάριοι Κρόνον ἀμφὶς ἐόντες
ἀσβέστου κελάδοιο καὶ αἰνῆς δηιοτῆτος.

Ζεὺς δ᾽ ἐπεὶ οὖν κόρθυνεν ἑὸν μένος, εἵλετο δ᾽ ὅπλα,
βροντήν τε στεροπήν τε καὶ αἰθαλόεντα κεραυνόν,
855 πλῆξεν ἀπ᾽ Οὐλύμποιο ἐπάλμενος· ἀμφὶ δὲ πάσας
ἔπρεσε θεσπεσίας κεφαλὰς δεινοῖο πελώρου.
αὐτὰρ ἐπεὶ δή μιν δάμασε πληγῇσιν ἱμάσσας,
ἤριπε γυιωθείς, στονάχιζε δὲ γαῖα πελώρη·
φλὸξ δὲ κεραυνωθέντος ἀπέσσυτο τοῖο ἄνακτος
860 οὔρεος ἐν βήσσῃσιν ἀιδνῆς παιπαλοέσσης
πληγέντος, πολλὴ δὲ πελώρη καίετο γαῖα
αὐτμῇ θεσπεσίῃ, καὶ ἐτήκετο κασσίτερος ὣς
τέχνῃ ὕπ᾽ αἰζηῶν ἐν ἐϋτρήτοις χοάνοισι
θαλφθείς, ἠὲ σίδηρος, ὅ περ κρατερώτατός ἐστιν,
865 οὔρεος ἐν βήσσῃσι δαμαζόμενος πυρὶ κηλέῳ
τήκεται ἐν χθονὶ δίῃ ὑφ᾽ Ἡφαίστου παλάμῃσιν·
ὣς ἄρα τήκετο γαῖα σέλαι πυρὸς αἰθομένοιο.

94

ecoou, aterrorizante, e também, acima, o amplo céu,   840
o mar, as correntes de Oceano e o Tártaro da terra.
Sob os pés imortais, o grande Olimpo foi sacudido
quando o senhor se lançou; e a terra gemia em resposta.
Queimada abaixo dos dois tomou conta do mar violeta
vinda do trovão, do raio e do fogo desse portento,   845
dos ventos de ígneos tornados e do relâmpago ardente;
todo o solo fervia, e o céu e o mar:
grandes ondas grassavam no entorno das praias
com o jato dos imortais, e tremor inextinguível se fez;
Hades, que rege os ínferos finados, amedrontou-se,   850
e os Titãs, embaixo no Tártaro, em volta de Crono,
com o inextinguível zunido e a refrega apavorante.

Zeus, após rematar seu ímpeto, pegou as armas,
trovão, raio e o chamejante relâmpago,
e golpeou-o arremetendo do Olimpo; em volta, todas   855
as cabeças prodigiosas do terrível portento queimou.
Após subjugá-lo, tendo-o com golpes fustigado,
o outro tombou, aleijado, e gemeu a portentosa Terra;
e a chama fugiu desse senhor, relampejado,
nos vales da montanha escura, escarpada,   860
ao ser atingido, e a valer queimou a terra portentosa
com o bafo prodigioso, e fundiu-se como estanho,
em cadinhos bem furados, com arte por varões
aquecido, ou ferro, que é a coisa mais forte,
nos vales de montanha subjugado por fogo ardente   865
funde-se em solo divino pelas mãos de Hefesto —
assim fundiu-se a terra com a fulgência do fogo chamejante.

846 dos ventos de ígneos tornados] sintaxe ambígua; "dos ventos de ígneos tornados" pode referir-se às armas de Zeus ou ao modo de combater de Tifeu. 859–866 e a chama ... Hefesto —] manteve-se na tradução certa obscuridade da sintaxe arrevesada do original. Na comparação, estanho e ferro são coordenados: a terra fundiu-se como o estanho trabalhado por jovens metalúrgicos ou o ferro fundido por Hefesto.   867 fundiu-se] Pucci (2009) nota que o verbo "fundir", nos versos 862 e 867, guarda paralelos sonoros com o verbo "parir" no v. 821, que abre o episódio: *etēketo* e *teke*.

ῥῖψε δέ μιν θυμῷ ἀκαχὼν ἐς τάρταρον εὐρῦν.

ἐκ δὲ Τυφωέος ἔστ' ἀνέμων μένος ὑγρὸν ἀέντων,
870 νόσφι Νότου Βορέω τε καὶ ἀργεστέω Ζεφύροιο·
οἵ γε μὲν ἐκ θεόφιν γενεήν, θνητοῖς μέγ' ὄνειαρ.
αἱ δ' ἄλλαι μὰψ αὖραι ἐπιπνείουσι θάλασσαν·
αἳ δή τοι πίπτουσαι ἐς ἠεροειδέα πόντον,
πῆμα μέγα θνητοῖσι, κακῇ θυίουσιν ἀέλλῃ·
875 ἄλλοτε δ' ἄλλαι ἄεισι διασκιδνᾶσί τε νῆας
ναύτας τε φθείρουσι· κακοῦ δ' οὐ γίνεται ἀλκὴ
ἀνδράσιν, οἳ κείνῃσι συνάντωνται κατὰ πόντον.
αἱ δ' αὖ καὶ κατὰ γαῖαν ἀπείριτον ἀνθεμόεσσαν
ἔργ' ἐρατὰ φθείρουσι χαμαιγενέων ἀνθρώπων,
880 πιμπλεῖσαι κόνιός τε καὶ ἀργαλέου κολοσυρτοῦ.

αὐτὰρ ἐπεί ῥα πόνον μάκαρες θεοὶ ἐξετέλεσσαν,
Τιτήνεσσι δὲ τιμάων κρίναντο βίηφι,
δή ῥα τότ' ὤτρυνον βασιλευέμεν ἠδὲ ἀνάσσειν
Γαίης φραδμοσύνῃσιν Ὀλύμπιον εὐρύοπα Ζῆν
885 ἀθανάτων· ὁ δὲ τοῖσιν ἐὺ διεδάσσατο τιμάς.

Ζεὺς δὲ θεῶν βασιλεὺς πρώτην ἄλοχον θέτο Μῆτιν,
πλεῖστα θεῶν εἰδυῖαν ἰδὲ θνητῶν ἀνθρώπων.
ἀλλ' ὅτε δὴ ἄρ' ἔμελλε θεὰν γλαυκῶπιν Ἀθήνην
τέξεσθαι, τότ' ἔπειτα δόλῳ φρένας ἐξαπατήσας
890 αἱμυλίοισι λόγοισιν ἑὴν ἐσκάτθετο νηδῦν,
Γαίης φραδμοσύνῃσι καὶ Οὐρανοῦ ἀστερόεντος·
τὼς γάρ οἱ φρασάτην, ἵνα μὴ βασιληίδα τιμὴν
ἄλλος ἔχοι Διὸς ἀντὶ θεῶν αἰειγενετάων.
ἐκ γὰρ τῆς εἵμαρτο περίφρονα τέκνα γενέσθαι·
895 πρώτην μὲν κούρην γλαυκώπιδα Τριτογένειαν,
ἶσον ἔχουσαν πατρὶ μένος καὶ ἐπίφρονα βουλήν,

E arremessou-o, atormentado no ânimo, no largo Tártaro.

De Tifeu é o ímpeto dos ventos de úmido sopro,
exceto Noto, Bóreas e o clareante Zéfiro,   870
que são de cepa divina, de grande valia aos mortais.
As outras brisas à toa sopram no oceano;
quanto à elas, caindo no mar embaçado,
grande desgraça aos mortais, correm com rajada má:
sopram p'ra cá depois p'ra lá, despedaçam naus   875
e nautas destroem; contra o mal não há defesa
para homens que com elas se deparam no mar.
Essas também, na terra sem-fim, florida,
lavouras amadas destroem dos homens na terra nascidos,
enchendo-as de poeira e confusão aflitiva.   880

Mas após a pugna cumprirem os deuses venturosos
e com os Titãs as honrarias separarem à força,
então instigaram a ser rei e senhor,
pelo plano de Terra, ao olímpico Zeus ampla-visão —
dos imortais; e ele bem distribuiu suas honrarias.   885

Zeus, rei dos deuses, fez de Astúcia a primeira esposa,
a mais inteligente entre os deuses e homens mortais.
Mas quando ela iria à deusa, Atena olhos-de-coruja,
parir, nisso, com um truque, ele enganou seu juízo
e com contos solertes depositou-a em seu ventre   890
graças ao plano de Terra e do estrelado Céu:
assim lhe aconselharam, para a honraria real
outro dos deuses sempiternos, salvo Zeus, não ter.
Pois dela foi-lhe destinado gerar filhos bem-ajuizados:
primeiro a filha olhos-de-coruja, a Tritogênia,   895
com ímpeto igual ao do pai e desígnio refletido,

---

886 Astúcia] *Mētis.*   **895** Tritogênia,] termo de significado desconhecido,
possivelmente aludindo a um lugar, talvez mítico, onde Atena teria nascido.

αὐτὰρ ἔπειτ᾽ ἄρα παῖδα θεῶν βασιλῆα καὶ ἀνδρῶν
ἤμελλεν τέξεσθαι, ὑπέρβιον ἦτορ ἔχοντα·
ἀλλ᾽ ἄρα μιν Ζεὺς πρόσθεν ἑὴν ἐσκάτθετο νηδῦν,
900 ὥς οἱ συμφράσσαιτο θεὰ ἀγαθόν τε κακόν τε.

δεύτερον ἠγάγετο λιπαρὴν Θέμιν, ἣ τέκεν Ὥρας,
Εὐνομίην τε Δίκην τε καὶ Εἰρήνην τεθαλυῖαν,
αἵ τ᾽ ἔργ᾽ ὠρεύουσι καταθνητοῖσι βροτοῖσι,
Μοίρας θ᾽, ἧς πλείστην τιμὴν πόρε μητίετα Ζεύς,
905 Κλωθώ τε Λάχεσίν τε καὶ Ἄτροπον, αἵ τε διδοῦσι
θνητοῖς ἀνθρώποισιν ἔχειν ἀγαθόν τε κακόν τε.

τρεῖς δέ οἱ Εὐρυνόμη Χάριτας τέκε καλλιπαρῄους,
Ὠκεανοῦ κούρη πολυήρατον εἶδος ἔχουσα,
Ἀγλαΐην τε καὶ Εὐφροσύνην Θαλίην τ᾽ ἐρατεινήν·
910 τῶν καὶ ἀπὸ βλεφάρων ἔρος εἴβετο δερκομενάων
λυσιμελής· καλὸν δέ θ᾽ ὑπ᾽ ὀφρῦσι δερκιόωνται.

αὐτὰρ ὁ Δήμητρος πολυφόρβης ἐς λέχος ἦλθεν·
ἣ τέκε Περσεφόνην λευκώλενον, ἣν Ἀιδωνεὺς
ἥρπασεν ἧς παρὰ μητρός, ἔδωκε δὲ μητίετα Ζεύς.

915 Μνημοσύνης δ᾽ ἐξαῦτις ἐράσσατο καλλικόμοιο,
ἐξ ἧς οἱ Μοῦσαι χρυσάμπυκες ἐξεγένοντο
ἐννέα, τῇσιν ἅδον θαλίαι καὶ τέρψις ἀοιδῆς.

Λητὼ δ᾽ Ἀπόλλωνα καὶ Ἄρτεμιν ἰοχέαιραν
ἱμερόεντα γόνον περὶ πάντων Οὐρανιώνων
920 γείνατ᾽ ἄρ᾽ αἰγιόχοιο Διὸς φιλότητι μιγεῖσα.

e eis que então um filho, rei dos deuses e varões,
possuindo brutal coração, iria gerar;
mas Zeus depositou-a antes em seu ventre
para a deusa lhe aconselhar sobre o bem e o mal.   900

A segunda, fez conduzir a luzidia Norma, mãe das Estações,
Decência, Justiça e a luxuriante Paz,
elas que zelam pelos trabalhos dos homens mortais,
e as Moiras, a quem deu suma honraria o astuto Zeus,
Fiandeira, Sorteadora e Inflexível, que concedem   905
aos homens mortais bem e mal como seus.

Três Graças bela-face lhe pariu Eurínome,
a filha de Oceano, com aparência desejável,
Radiância, Alegria e a atraente Festa:
de suas pálpebras, quando olham, pinga desejo   910
solta-membros; belo é o olhar sob as celhas.

E dirigiu-se ao leito de Deméter multinutriz:
ela pariu Perséfone alvos-braços, que Aidoneu
raptou de junto da mãe, e deu-lha o astuto Zeus.

Por Memória então se enamorou, a belas-tranças,   915
e dela as Musas faixa-dourada lhe nasceram,
nove, às quais agradam festas e o prazer do canto.

E Leto a Apolo e Ártemis verte-setas,
prole desejável mais que todos os Celestes,
gerou, após unir-se em amor com Zeus porta-égide.   920

901 Estações,] *Hōrai*, sing. *Hōra*. **902** Decência,] *Eunomiē*. **902** Justiça]
Dikē. **902** Paz,] *Eirēnē*. **903** zelam] "Zelar", *ōrein*, ecoa *Hōra*, "estação".
903 trabalhos] *erga*, aqui traduzido por "trabalhos", também pode se referir
a "lavouras", como no verso 879. O conjunto — trabalho agrícola e virtudes
cívicas — é como que uma síntese das ideias desenvolvidas por Hesíodo em
Trabalhos e dias. **904** Moiras,] as Moiras também são filhas da Noite; a
dupla origem parece indicar que as ações das deusas podiam ser pensadas de
formas distintas e/ou remeter a tradições locais diversas. **909** Radiância,]
Aglaiē. **909** Alegria] *Euphrosunē*. **909** Festa:] *Thaliē*. **913** Aidoneu]
Aidoneu é Hades.

λοισθοτάτην δ' Ἥρην θαλερὴν ποιήσατ' ἄκοιτιν·
ἡ δ' Ἥβην καὶ Ἄρηα καὶ Εἰλείθυιαν ἔτικτε
μιχθεῖσ' ἐν φιλότητι θεῶν βασιλῆι καὶ ἀνδρῶν.

αὐτὸς δ' ἐκ κεφαλῆς γλαυκώπιδα γείνατ' Ἀθήνην,
925 δεινὴν ἐγρεκύδοιμον ἀγέστρατον ἀτρυτώνην,
πότνιαν, ᾗ κέλαδοί τε ἅδον πόλεμοί τε μάχαι τε·
Ἥρη δ' Ἥφαιστον κλυτὸν οὐ φιλότητι μιγεῖσα
γείνατο, καὶ ζαμένησε καὶ ἤρισεν ᾧ παρακοίτῃ,
ἐκ πάντων τέχνῃσι κεκασμένον Οὐρανιώνων.

930 ἐκ δ' Ἀμφιτρίτης καὶ ἐρικτύπου Ἐννοσιγαίου
Τρίτων εὐρυβίης γένετο μέγας, ὅς τε θαλάσσης
πυθμέν' ἔχων παρὰ μητρὶ φίλῃ καὶ πατρὶ ἄνακτι
ναίει χρύσεα δῶ, δεινὸς θεός. αὐτὰρ Ἄρηι
ῥινοτόρῳ Κυθέρεια Φόβον καὶ Δεῖμον ἔτικτε,
935 δεινούς, οἵ τ' ἀνδρῶν πυκινὰς κλονέουσι φάλαγγας
ἐν πολέμῳ κρυόεντι σὺν Ἄρηι πτολιπόρθῳ,
Ἁρμονίην θ', ἣν Κάδμος ὑπέρθυμος θέτ' ἄκοιτιν.

Ζηνὶ δ' ἄρ' Ἀτλαντὶς Μαίη τέκε κύδιμον Ἑρμῆν,
κήρυκ' ἀθανάτων, ἱερὸν λέχος εἰσαναβᾶσα.

940 Καδμηὶς δ' ἄρα οἱ Σεμέλη τέκε φαίδιμον υἱὸν
μιχθεῖσ' ἐν φιλότητι, Διώνυσον πολυγηθέα,
ἀθάνατον θνητή· νῦν δ' ἀμφότεροι θεοί εἰσιν.

Como última, de Hera fez sua viçosa consorte:
ela pariu Juventude, Ares e Eilêitia,
unida em amor com o rei dos deuses e homens.

Ele próprio da cabeça gerou Atena olhos-de-coruja,
terrível atiça-peleja, conduz-exército, infatigável,   925
senhora a quem agradam gritaria, guerras e combates.
E Hera ao glorioso Hefesto, não unida em amor,
gerou, pois, enfurecida, brigou com seu marido:
aquele nas artes supera todos os Celestes.

E de Anfitrite e de Treme-Solo ressoa-alto   930
nasceu o grande Tríton ampla-força, que do mar
a base ocupa e junto à cara mãe e ao senhor pai
habita casa dourada, o deus terrível. E para Ares
fura-pele Citereia pariu Terror e Pânico,
terríveis, que tumultuam cerradas falanges de varões   935
com Ares arrasa-urbe em sinistra batalha,
e Harmonia, a quem o autoconfiante Cadmo desposou.

Para Zeus a filha de Atlas, Maia, pariu o glorioso Hermes,
arauto dos deuses, após subir no sacro leito.

E a filha de Cadmo, Semele, gerou-lhe filho insigne,   940
unida em amor, Dioniso muito-júbilo,
a mortal ao imortal: ambos agora são deuses.

922 Juventude,] *Hēbē*.   **925** infatigável,] embora aqui traduzido por "infa-
tigável", o sentido original do adjetivo *atrutonē*, utilizado somente para Atena,
é desconhecido. "Infatigável" e "invencível" eram as glosas mais comuns na
Antiguidade.   **928** gerou, pois,] um caso de *husteron proteron*, ou seja, o
recurso estilístico-narrativo no qual o que acontece antes é mencionado em
segundo lugar. A conjunção "pois" não está em grego; é acrescentada para não
tornar a frase incompreensível para o leitor da tradução.   **933–934** E para
Ares … Pânico] na *Odisseia*, Afrodite é representada como amante de Ares,
mas casada com Hefesto, que, por sua vez, na *Teogonia* e em outros textos, é
representado casado com uma Graça.   **934** fura-pele] pode dizer respeito
à pele do herói ferido ou ao couro do escudo.   **934** Terror] *Phobos*.   **934**
Pânico,] *Deimos*.   **937** Harmonia,] Harmonia é um termo grego.

Ἀλκμήνη δ᾽ ἄρ᾽ ἔτικτε βίην Ἡρακληείην
μιχθεῖσ᾽ ἐν φιλότητι Διὸς νεφεληγερέταο.

945   Ἀγλαΐην δ᾽ Ἥφαιστος ἀγακλυτὸς ἀμφιγυήεις
ὁπλοτάτην Χαρίτων θαλερὴν ποιήσατ᾽ ἄκοιτιν.

χρυσοκόμης δὲ Διώνυσος ξανθὴν Ἀριάδνην,
κούρην Μίνωος, θαλερὴν ποιήσατ᾽ ἄκοιτιν·
τὴν δέ οἱ ἀθάνατον καὶ ἀγήρων θῆκε Κρονίων.

950   Ἥβην δ᾽ Ἀλκμήνης καλλισφύρου ἄλκιμος υἱός,
ἲς Ἡρακλῆος, τελέσας στονόεντας ἀέθλους,
παῖδα Διὸς μεγάλοιο καὶ Ἥρης χρυσοπεδίλου,
αἰδοίην θέτ᾽ ἄκοιτιν ἐν Οὐλύμπῳ νιφόεντι·
ὄλβιος, ὃς μέγα ἔργον ἐν ἀθανάτοισιν ἀνύσσας
955   ναίει ἀπήμαντος καὶ ἀγήραος ἤματα πάντα.

Ἡελίῳ δ᾽ ἀκάμαντι τέκε κλυτὸς Ὠκεανίνη
Περσηὶς Κίρκην τε καὶ Αἰήτην βασιλῆα.
Αἰήτης δ᾽ υἱὸς φαεσιμβρότου Ἡελίοιο
κούρην Ὠκεανοῖο τελήεντος ποταμοῖο
960   γῆμε θεῶν βουλῇσιν, Ἰδυῖαν καλλιπάρηον·
ἣ δή οἱ Μήδειαν ἐΰσφυρον ἐν φιλότητι
γείναθ᾽ ὑποδμηθεῖσα διὰ χρυσῆν Ἀφροδίτην.

ὑμεῖς μὲν νῦν χαίρετ᾽, Ὀλύμπια δώματ᾽ ἔχοντες,
νῆσοί τ᾽ ἤπειροί τε καὶ ἁλμυρὸς ἔνδοθι πόντος·
965   νῦν δὲ θεάων φῦλον ἀείσατε, ἡδυέπειαι
Μοῦσαι Ὀλυμπιάδες, κοῦραι Διὸς αἰγιόχοιο,
ὅσσαι δὴ θνητοῖσι παρ᾽ ἀνδράσιν εὐνηθεῖσαι
ἀθάναται γείναντο θεοῖς ἐπιείκελα τέκνα.

Δημήτηρ μὲν Πλοῦτον ἐγείνατο δῖα θεάων,

E Alcmena pariu a força de Héracles,
unida em amor com Zeus junta-nuvem.

E de Radiância o esplêndido Hefesto duas-curvas,   945
da mais nova das Graças, fez sua viçosa consorte.

E Dioniso juba-dourada da loira Ariadne,
a filha de Minos, fez sua viçosa consorte:
a ela, para ele, imortal e sem velhice tornou o Cronida.

E de Juventude o bravo filho de Alcmena linda-canela,   950
o vigor de Héracles, após findar tristes provas,
da filha do grande Zeus e de Hera sandália-dourada
fez sua esposa, respeitada no Olimpo nevado:
afortunado, que grande feito realizou entre os imortais,
e habita sem miséria e velhice por todos os dias.   955

A gloriosa filha de Oceano pariu ao incansável Sol
Perseís, Circe e o rei Eetes.
Eetes, o filho de Sol ilumina-mortal,
à filha do circular rio Oceano
desposou, Sapiente bela-face, pelos desígnios dos deuses: 960
ela gerou-lhe Medeia belo-tornozelo,
em amor subjugada devido à dourada Afrodite.

Agora, felicidades, vós que tendes moradas olímpia,
ilhas, continentes e, no interior, o salso mar;
mas agora a tribo das deusas cantai, doce-palavra   965
Musas do Olimpo, filhas de Zeus porta-égide,
tantas quantas junto a varões mortais deitaram
e, imortais, geraram filhos semelhantes a deuses.

Deméter a Pluto gerou, diva entre as deusas,

---

969 Pluto] *Ploutos*, "riqueza".

970 Ἰασίῳ ἥρωι μιγεῖσ᾽ ἐρατῇ φιλότητι
νειῷ ἔνι τριπόλῳ, Κρήτης ἐν πίονι δήμῳ,
ἐσθλόν, ὃς εἶσ᾽ ἐπὶ γῆν τε καὶ εὐρέα νῶτα θαλάσσης
πᾶσαν· τῷ δὲ τυχόντι καὶ οὗ κ᾽ ἐς χεῖρας ἵκηται,
τὸν δὴ ἀφνειὸν ἔθηκε, πολὺν δέ οἱ ὤπασεν ὄλβον.

975   Κάδμῳ δ᾽ Ἁρμονίη, θυγάτηρ χρυσῆς Ἀφροδίτης,
Ἰνὼ καὶ Σεμέλην καὶ Ἀγαυὴν καλλιπάρηον
Αὐτονόην θ᾽, ἣν γῆμεν Ἀρισταῖος βαθυχαίτης,
γείνατο καὶ Πολύδωρον ἐυστεφάνῳ ἐνὶ Θήβῃ.

         κούρη δ᾽ Ὠκεανοῦ Χρυσάορι καρτεροθύμῳ
980 μιχθεῖσ᾽ ἐν φιλότητι πολυχρύσου Ἀφροδίτης
Καλλιρόη τέκε παῖδα βροτῶν κάρτιστον ἁπάντων,
Γηρυονέα, τὸν κτεῖνε βίη Ἡρακληείη
βοῶν ἕνεκ᾽ εἰλιπόδων ἀμφιρρύτῳ εἰν Ἐρυθείῃ.

         Τιθωνῷ δ᾽ Ἠὼς τέκε Μέμνονα χαλκοκορυστήν,
985 Αἰθιόπων βασιλῆα, καὶ Ἠμαθίωνα ἄνακτα.
αὐτάρ τοι Κεφάλῳ φιτῦσατο φαίδιμον υἱόν,
ἴφθιμον Φαέθοντα, θεοῖς ἐπιείκελον ἄνδρα·
τόν ῥα νέον τέρεν ἄνθος ἔχοντ᾽ ἐρικυδέος ἥβης
παῖδ᾽ ἀταλὰ φρονέοντα φιλομμειδὴς Ἀφροδίτη
990 ὦρτ᾽ ἀνερειψαμένη, καί μιν ζαθέοις ἐνὶ νηοῖς
νηοπόλον μύχιον ποιήσατο, δαίμονα δῖον.

         κούρην δ᾽ Αἰήταο διοτρεφέος βασιλῆος
Αἰσονίδης βουλῇσι θεῶν αἰειγενετάων
ἦγε παρ᾽ Αἰήτεω, τελέσας στονόεντας ἀέθλους,
995 τοὺς πολλοὺς ἐπέτελλε μέγας βασιλεὺς ὑπερήνωρ,
ὑβριστὴς Πελίης καὶ ἀτάσθαλος ὀβριμοεργός·
τοὺς τελέσας ἐς Ἰωλκὸν ἀφίκετο πολλὰ μογήσας

104

unida ao herói Iasíon em desejável amor,   970
em pousio com três sulcos, na fértil região de Creta,
ao valoroso, que vai pelas amplas costas do mar e terra
inteira: a quem ao acaso topa e alcança suas mãos,
a esse torna rico e lhe dá grande fortuna.

Para Cadmo Harmonia, filha de dourada Afrodite,   975
a Ino, Semele, Agave bela-face,
Autônoe, a quem desposou Aristaio cabeleira-farta,
e também Polidoro gerou em Tebas bem-coroada.

A filha de Oceano, após ao destemido Espadouro
unir-se em amor de Afrodite muito-ouro,   980
Bonflux, pariu o filho mais vigoroso de todos os mortais,
Gerioneu, a quem matou a força de Héracles
pelos bois passo-arrastado na oceânica Eriteia.

E para Títono Aurora gerou Mêmnon elmo-brônzeo,
rei dos etíopes, e o senhor Emátion.   985
E para Céfalo gerou um filho insigne,
o altivo Faéton, varão semelhante a deuses:
ao jovem na suave flor da gloriosa juventude,
garoto imaturo, Afrodite ama-sorriso
lançou-se e o carregou, e de seus templos numinosos   990
fez dele o servo bem no fundo, divo espírito.

E à filha de Eetes o rei criado-por-Zeus,
o Esonida, pelos desígnios dos deuses sempiternos,
levou de junto de Eetes, após findar tristes provas,
muitas, que lhe impôs o grande rei arrogante,   995
o violento e iníquo Pélias ação-ponderosa:
quando as findou, chegou a Iolco, após muito sofrer,

---

978 bem-coroada.] referência às famosas muralhas da cidade.   **985** etío-
pes,] tribo mítica ainda não associada à região posteriormente conhecida
como Etiópia; diz respeito ao norte da África de forma geral.   **993** sempiter-
nos,] trata-se de Jasão e Medeia.

ὠκείης ἐπὶ νηὸς ἄγων ἑλικώπιδα κούρην
Αἰσονίδης, καί μιν θαλερὴν ποιήσατ᾽ ἄκοιτιν.
1000 καί ῥ᾽ ἥ γε δμηθεῖσ᾽ ὑπ᾽ Ἰήσονι ποιμένι λαῶν
Μήδειον τέκε παῖδα, τὸν οὔρεσιν ἔτρεφε Χείρων
Φιλλυρίδης· μεγάλου δὲ Διὸς νόος ἐξετελεῖτο.

αὐτὰρ Νηρῆος κοῦραι ἁλίοιο γέροντος,
ἤτοι μὲν Φῶκον Ψαμάθη τέκε δῖα θεάων
1005 Αἰακοῦ ἐν φιλότητι διὰ χρυσῆν Ἀφροδίτην·
Πηλεῖ δὲ δμηθεῖσα θεὰ Θέτις ἀργυρόπεζα
γείνατ᾽ Ἀχιλλῆα ῥηξήνορα θυμολέοντα.

Αἰνείαν δ᾽ ἄρ᾽ ἔτικτεν ἐυστέφανος Κυθέρεια,
Ἀγχίσῃ ἥρωι μιγεῖσ᾽ ἐρατῇ φιλότητι
1010 Ἴδης ἐν κορυφῇσι πολυπτύχου ἠνεμοέσσης.

Κίρκη δ᾽ Ἠελίου θυγάτηρ Ὑπεριονίδαο
γείνατ᾽ Ὀδυσσῆος ταλασίφρονος ἐν φιλότητι
Ἄγριον ἠδὲ Λατῖνον ἀμύμονά τε κρατερόν τε·
[Τηλέγονον δὲ ἔτικτε διὰ χρυσῆν Ἀφροδίτην·]
1015 οἳ δή τοι μάλα τῆλε μυχῷ νήσων ἱεράων
πᾶσιν Τυρσηνοῖσιν ἀγακλειτοῖσιν ἄνασσον.

Ναυσίθοον δ᾽ Ὀδυσῆι Καλυψὼ δῖα θεάων
γείνατο Ναυσίνοόν τε μιγεῖσ᾽ ἐρατῇ φιλότητι.

αὗται μὲν θνητοῖσι παρ᾽ ἀνδράσιν εὐνηθεῖσαι
1020 ἀθάναται γείναντο θεοῖς ἐπιείκελα τέκνα.
[νῦν δὲ γυναικῶν φῦλον ἀείσατε, ἡδυέπειαι
Μοῦσαι Ὀλυμπιάδες, κοῦραι Διὸς αἰγιόχοιο.]

sobre rápida nau levando a jovem olhar-luzente
o Esonida, e dela fez sua viçosa consorte.
E ela, subjugada por Jasão, pastor de tropa,   1000
gerou o filho Medeio, de quem Quíron cuidou nos morros,
o filho de Filira; e a ideia do grande Zeus foi completada.

    E as filhas de Nereu, o velho do mar,
a Focos, por um lado, Areiana pariu, diva entre as deusas,
em amor por Eaco devido à dourada Afrodite;   1005
e a Peleu subjugada, a deusa Tétis pés-de-prata
gerou Aquiles rompe-batalhão, de ânimo leonino.

    E a Eneias pariu Citereia bela-coroa,
após ao herói Anquises se unir em desejável amor
nos picos do ventoso Ida muito-vale.   1010

    E Circe, a filha do Hiperionida Sol,
gerou, em amor por Odisseu juizo-paciente,
Ágrio e Latino, impecável e forte;
e a Telégono pariu devido à dourada Afrodite:
quanto a eles, bem longe, no recesso de sacras ilhas,   1015
regiam todos os esplêndidos tirrenos.

    E Nauveloz para Odisseu Calipso, diva entre as deusas,
e Náutico gerou, unida em desejável amor.

    Essas deitaram junto a varões mortais
e, imortais, geraram filhos semelhantes a deuses.   1020
Agora cantai a tribo das mulheres, doce-palavra
Musas do Olimpo, filhas de Zeus porta-égide.

1014 Telégono] o nome Telégono — "filho (nascido) longe" — remete ao
outro filho de Odisseu, Telêmaco.   1017 Nauveloz] *Nausithoos*.   1018
Náutico] *Nausinoos*.

COLEÇÃO «HEDRA EDIÇÕES»

Adverte-se aos curiosos que se imprimiu este livro na gráfica Meta
Brasil, na data de 24 de março de 2025, em papel pólen soft,
composto em tipologia Minion Pro e Formular, com diversos
sofwares livres, dentre eles LuaLATEXe git.
(v. 72cd1a3)

❧